2ª EDIÇÃO REVISADA E ATUALIZADA

Avaliação Psicológica Psicossocial

Para realização de atividades que envolvam riscos conforme as Normas Regulamentadoras: Espaço confinado (NR 33), Trabalho em altura (NR 35) e demais normas

2ª EDIÇÃO REVISADA E ATUALIZADA

Coleção
Avaliação &
Intervenção

Avaliação Psicológica Psicossocial

Para realização de atividades que envolvam riscos conforme as Normas Regulamentadoras: Espaço confinado (NR 33), Trabalho em altura (NR 35) e demais normas

Roberta Fernandes Lopes do Nascimento
Regina Maria Fernandes Lopes (ORGS.)

Artesã

Avaliação Psicológica Psicossocial - 2ª edição revisada e atualizada

DIRETOR
Alcebino Santana

DIREÇÃO DE ARTE
Tiago Rabello

CAPA
Artesã Editora

PROJETO GRÁFICO E DIAGRAMAÇÃO
Conrado Esteves

REVISÃO
Carolina Martins Carminatti: Psicóloga

Fernanda Fernandes Lopes: Psicóloga

Renata Fernandes Lopes: Graduada em Letras

Catalogação na publicação
Elaborada por Bibliotecária Janaina Ramos – CRB-8/9166

A945

Avaliação psicológica psicossocial: para realização de atividades que envolvam riscos conforme as normas regulamentadoras: espaço confinado (NR 33), trabalho em altura (NR 35) e demais normas / Organização de Roberta Fernandes Lopes do Nascimento, Regina Maria Fernandes Lopes. – 2. ed. rev. atual. – Belo Horizonte: Artesã, 2025.

(Avaliação e intervenção)

224 p.; 16 X 23 cm

ISBN 978-85-7074-111-0

1. Avaliação psicossocial. I. Nascimento, Roberta Fernandes Lopes do (Organizadora). II. Lopes, Regina Maria Fernandes (Organizadora). III. Título.

CDD 157.77

Índice para catálogo sistemático
I. Avaliação psicossocial

IMPRESSO NO BRASIL
Printed in Brazil

(31)2511-2040 (31)99403-2227
www.artesaeditora.com.br
Rua Rio Pomba 455, Carlos Prates – Cep: 30720-290 | Belo Horizonte – MG
/artesaeditora

Apresentação da Coleção "Avaliação & Intervenção"

É com imensa satisfação que apresentamos a "Coleção Avaliação & Intervenção", que foi estruturada de maneira que o leitor reforce o seu conhecimento acerca na realização de avaliações psicológicas e neuropsicológicas, incluindo intervenções. Os volumes iniciais lançados abordaram a Reabilitação Neuropsicológica: Avaliação e Intervenção em crianças, adolescentes, adultos e idosos, que propicia ao leitor o aprendizado sobre o assunto em diferentes contextos das fases do desenvolvimento. A coleção tem como objetivos mostrar práticas de avaliação e intervenção. Os demais volumes estão direcionados à abordagem da atuação do profissional, principalmente do psicólogo, em avaliações e/ou intervenção em diferentes contextos, entre os títulos estão: Avaliação Psicológica Psicossocial (envolve Normas Regulamentadoras: NRs); Avaliação Psicológica em crianças e adolescentes; Avaliação Psicológica em adultos e idosos; Reabilitação Neuropsicológica: Avaliação e Intervenção de crianças e adolescentes; Reabilitação Neuropsicológica: Avaliação e Intervenção de adultos e idosos, entre outros títulos a serem incluídos na coleção "Avaliação & Intervenção".

Roberta Fernandes Lopes do Nascimento
Regina Maria Fernandes Lopes
Organizadoras

Dedicatória

À nossa família: Paulo Roberto de Oliveira Lopes, Roberto Chiumeo do Nascimento, Fernanda Fernandes Lopes, Anderson Gustavo Barrios, Mariana Lopes do Nascimento, Mateus Lopes do Nascimento, Rafaela Lopes Barrios e Murilo Lopes Barrios.

Agradecimentos

A Deus, por estar sempre no comando de nossas vidas!

Às empresas clientes, que ao longo dos anos prestamos serviços de Avaliação Psicológica Psicossocial, pela confiança e aprendizado ao longo do tempo.

Aos alunos dos nossos cursos, que nos fizeram aprender muito sobre este tema. Afinal, já foram ministradas 76 edições deste curso!

Aos nossos mestres e excelentes professores que ao longo da nossa trajetória acadêmica e profissional nos ensinaram muito.

Aos colaboradores de pesquisa, as psicólogas Tatiane Arruda e Paula Pinto Endres, que pesquisaram sobre as Normas Regulamentadoras, e Raquel Pires de Vargas Braga, que contribuiu sobre o processo de avaliação psicológica. A Bruna Vargas Duarte, que pesquisou sobre ética e elaboração de documentos. A Silvia Letícia, que pesquisou sobre o PCMSO. A Carolina Martins Carminatti, que pesquisou sobre vários temas constantes nesta obra.

Um especial agradecimento a Hermindo Brum Neto, Fiscal do Trabalho, pelas orientações valiosas recebidas junto ao Ministério do Trabalho do Rio Grande do Sul, que muito auxiliaram para a elaboração desta obra.

E, especialmente, à Editora Artesã, por ter acreditado e confiado no nosso trabalho!

Enfim, foram dois anos escrevendo a primeira edição desse livro e posteriormente um ano na atualização e revisão da nova edição, que muito auxiliará na qualidade de vida dos trabalhadores, assim como dos profissionais que atuam diretamente com esta população.

As autoras

Sumário

Prefácio

Em primeiro lugar, gostaríamos de parabenizar as autoras desta obra, a qual ressalta a importância e esclarece aspectos metodológicos das avaliações dos riscos psicossociais em trabalhadores expostos a condições de trabalho de risco significativo e sua integridade física e mental.

Sentimo-nos honrados em prefaciar esta obra, que tem por objetivo contribuir para habilitação de profissionais especializados na proteção da saúde ocupacional em nosso país.

As páginas a seguir fazem parte de extenso estudo, pesquisa e prática de psicólogas dedicadas e familiarizadas com o manejo adequado dos instrumentos disponíveis, sempre em busca de resultados responsáveis, os quais respeitam necessidades pertinentes ao processo avaliativo.

Os trabalhadores são a base do desenvolvimento econômico e social dos países. Situações colocam em risco a saúde e segurança destes trabalhadores através do não controle dos riscos físicos, químicos, biológicos, ergonômicos, de acidentes e psicossociais.

As autoras fazem incursões importantes nas Normas Regulamentadoras (NRs) da Portaria 3214 do Ministério do Trabalho, de 1978, com suas atualizações.

O processo de avaliação do risco psicossocial compreende a identificação e análise das características do trabalho que atuam como "estressores" junto ao trabalhador por combinar grandes exigências com recursos precários, pessoais e/ou organizacionais, para o enfrentamento dessas demandas. Tais fatores podem provocar danos psicológicos ao indivíduo (diminuição da motivação para o trabalho, depressão, irritabilidade, *burnout*, etc.) bem como gerar consequências negativas nas organizações (diminuição do rendimento laboral, absenteísmo, demandas judiciais e acidentes do trabalho).

Entendemos que as metodologias, protocolos e testes apresentados constituem a forma de enfrentamento de riscos como o trabalho em altura e o trabalho em espaço confinado (NRs 35 e 33), tão presentes em empresas de exploração, produção e transporte de produtos advindos do petróleo, petroquímico, químicos, de combustíveis e de celulose, entre outros.

Os Serviços Especializados em Segurança e Saúde do Trabalho (SESMT) devem usar as referências desta obra como guia para as ações preventivas, especialmente em trabalhos de rotinas e em Paradas de Manutenção Industrial, neste último caso, onde os riscos sobrepostos estão presentes.

Avaliar a condição física, emocional e psicossocial dos trabalhadores é papel fundamental das empresas.

Desejamos a todos uma boa leitura e um ótimo trabalho, afinal, temos aqui um guia enriquecedor.

Arthur da Motta Lima Netto
Médico, especialista em Psiquiatria e Medicina
do Trabalho pela Associação Médica Brasileira (AMB).
Aperfeiçoamento em Medicina do Trabalho na Clinica
Del Lavoro, Milão, Itália. Consultor de Empresas.

Luciana de Andrade Jacques
Psicóloga Clínica, especialista em Psicoterapia
e Avaliação Psicológica. Consultora de Empresas.

Apresentação

Este livro é fruto de mais um trabalho desenvolvido ao longo dos últimos 20 anos de atividade profissional voltada para empresas de grande porte, que proporcionou rica experiência, para ser aqui nesta obra compartilhada com outros profissionais. Esta vasta experiência profissional, oriunda da prática direta deste trabalho ao longo dos anos, foi obtida através de milhares de avaliações para empresas. No Sul do Brasil, somos referência na realização desta metodologia de Cursos sobre Avaliação Psicológica Psicossocial (entre outros cursos dentro da Avaliação Psicológica) e já capacitamos centenas de profissionais para atuar na área. Além disso, estamos comemorando mais de 76 edições do nosso Curso de Avaliação Psicológica Psicossocial!

A ideia de escrever em forma de livro surgiu da carência de estudos sobre este tema e também para instrumentalizar os profissionais que atuam dentro deste contexto, assim como ter uma fonte muito mais prática do que teórica. Os materiais existentes mostram diversidade de conceitos e significações, que chegam a deixar os profissionais confusos na hora de realizar este tipo de trabalho.

Os passos para a elaboração desta obra tiveram início, desde 2003, na prática profissional nesta área de atuação. Neste período, foram realizados estudos dirigidos, entrevistas com fiscal do Ministério do Trabalho, entrevistas com psicólogos parceiros que também atuam neste contexto, Técnicos de Segurança do Trabalho e Engenheiro de Segurança do Trabalho. O contato com estes profissionais teve como objetivo de instrumentalizar nossos alunos para a realização deste tipo de avaliação e também para obtenção de subsídios para completar este livro.

Este livro torna-se uma ferramenta esclarecedora para, entre outras questões que deixam em dúvida, quanto ao procedimento a ser adotado, por quem vai realizar a avaliação. Dúvidas? Com certeza, muitas, e que serão elucidadas ao longo dos capítulos. Enfim, uma série de questões que o profissional faz em sua prática profissional, com certeza serão, neste livro, esclarecidas, tornado a vida profissional mais simples e objetiva.

Dentro deste contexto, nos capítulos são abordadas todas as temáticas desse assunto.

O Capítulo 1 mostra uma introdução geral sobre o tema do livro.

Já no Capítulo 2, intitulado "O que são as Normas Regulamentadoras (NRs)", é descrita de forma resumida uma síntese das Normas Regulamentadoras NRs, o início das exigências de avaliação e de promoção da qualidade de vida conforme o Ministério do Trabalho.

O Capítulo 3 mostra os riscos psicossociais e grau de risco de atividades que estão relacionados com os cuidados com o trabalhador diante de trabalhos que envolvam riscos.

No Capítulo 4, consta aspectos éticos e resoluções do Conselho Federal de Psicologia (CFP), nos quais o psicólogo se baseia para este tipo de atividade profissional.

O Capitulo 5 descreve a avaliação psicológica psicossocial: conceituação, objetivos e processo, consta toda conceituação, objetivos propostos e o passo a passo da atividade.

O Capítulo 6 mostra os passos para a realização da avaliação psicológica psicossocial.

O Capítulo 7 menciona as principais psicopatologias que interferem em atividades de risco.

O Capítulo 8 apresenta a entrevista específica com foco psicossocial: modelos específicos.

O Capítulo 9 explica o Exame do Estado Mental e como identificar as funções mentais que podem interferir na atividade.

O Capítulo 10 esclarece o que e como avaliar: instrumentos psicológicos utilizados em avaliação psicológica psicossocial; inteligência, atenção, personalidade, comportamento, funcionalidade e fontes complementares de informação.

O Capítulo 11 mostra a integração e análise dos dados: elaboração do laudo, elaboração do atestado e apresentação de casos.

O Capítulo 12 descreve como fazer a entrevista de devolutiva dos resultados.

O Capítulo 13 demonstra a avaliação psicológica psicossocial em casos de retorno ao trabalho, após afastamento por vários fatores.

O Capítulo 14 ilustra a prevenção e promoção da saúde do trabalhador: qualidade de vida psicossocial

O Capitulo 15 explica a proposta de avaliação psicológica psicossocial para empresas: como fazer?

Convido você, portanto, a ler esta obra, que é fruto de extensa prática na área!

quaisquer meios de obrigatoriedade, o mais importante para a empresa e para o colaborador é prevenir a saúde deste. Desta forma, mesmo sem estas obrigatoriedades, a empresa ter o cuidado de prevenir e promover a saúde do trabalhador é um benefício para ambos, porque o colaborador manter-se-á motivado para o trabalho, bem como aumentará sua produtividade, e, para a empresa, o custo com reclamatórias trabalhistas será reduzido, uma vez que a empresa terá como provar todo cuidado que ela tem com os seus colaboradores, através dos laudos emitidos nas avaliações psicológicas realizadas periodicamente.

Ao longo deste livro, poder-se-á encontrar conceitos e fundamentos sobre avaliação psicológica psicossocial, e também serão respondidas muitas questões, tais como:

Para iniciar os esclarecimentos deste livro, há uma resposta que tem gerado dúvidas e que se considera importante ser explicitada já neste primeiro capítulo, e que responde a uma questão acerca da "avaliação psicossocial": as justificativas corroboram com o que é denominado na literatura científica sobre os conceitos, métodos e técnicas sobre avaliação psicológica e como ela é realizada por um profissional da Psicologia, tornando-se considerada como tal.

O que é uma Avaliação Psicossocial?

(Nomenclatura comumente chamada no meio das organizações e dos profissionais da psicologia)?

Por que a Avaliação Psicossocial pode ser considerada uma Avaliação Psicológica?

A avaliação psicológica é descrita por um conjunto de procedimentos que visa coletar dados, investigar fenômenos psicológicos, produzir diagnóstico, descrever o funcionamento de indivíduos ou grupos, comportamentos e o desempenho do indivíduo em determinadas situações (Hutz, 2009). Conforme a nota do Conselho Regional de Psicologia (CRP/RS), o termo de "avaliação psicossocial" não é considerado um termo específico e singular na legislação da Psicologia e nas Normas Regulamentadoras (NRs). Porém, a avaliação psicossocial tem como objetivo avaliar os fatores psicossociais para atividades que envolvam riscos, através da análise da história clínica pessoal e ocupacional em entrevistas e também através da aplicação de instrumentos psicológicos específicos.

Dentro deste contexto, como a avaliação psicossocial faz parte de um processo de avaliação abrangendo métodos e técnicas psicológicas, esta é realizada por um profissional com formação em Psicologia embasada no procedimento de uma avaliação psicológica (CFP, 2019). Destaca-se também que cada NR possui funções específicas que devem ser avaliadas e assim devem ser selecionados testes psicológicos que avaliem cada aspecto requerido.

(Obs.: Importante estar atento as novas Resoluções do CFP, caso ocorram novas orientações, torna-se necessário fazer as adaptações exigidas)

O que é uma Avaliação Psicossocial (Nomenclatura comumente chamada no meio das organizações e dos profissionais da psicologia) ?	O que são as Normas regulamentadoras (NRs)?	Como fazer o contato com a Empresa?
Como fazer proposta ou projeto para realização de Avaliação Psicológica Psicossocial?	O que é o grau de risco de uma empresa e de uma atividade profissional?	O que são os riscos psicossociais?
O que é importante avaliar?	Como realizar todos os procedimentos de Avaliação Psicológica Psicossocial?	Quais os aspectos/constructos será importante avaliar?
Quais instrumentos mais utilizados?	A Avaliação Psicológica Psicossocial pode ser realizada na forma indivual ou coletiva?	Qual o tempo de duração das avaliações
Precisa fazer a entrevista de devolução dos resultados?	Para devolver os resultados: É laudo? Parecer? Atestado?	O que fazer nos casos de inaptidão?

A avaliação psicológica psicossocial visa julgar a aptidão ou não de um trabalhador para determinada função, além da adoção de medidas preventivas em relação à saúde mental para atividades que envolvam riscos. Dessa forma, deverá contemplar a análise dos aspectos biopsicossociais do sujeito, estabelecer critérios e instrumentos psicológicos específicos para avaliação de transtornos mentais. Destaca-se, também, que cada NR possui funções específicas para serem avaliadas e assim serem selecionados testes psicológicos que avaliem cada aspecto requerido. Todavia, para a obtenção destes aspectos, faz-se necessário a atuação de um Psicólogo para realizar o processo de avaliação. Além da utilização da testagem neste procedimento para obter respostas sobre determinadas habilidades, funções e aspectos citados anteriormente, o processo é composto por: entrevista e observação, que também são processos condizentes da avaliação psicológica.

Outro ponto a ser destacado são os passos para a realização de uma avaliação no âmbito psicológico, que abordam o levantamento dos objetivos da avaliação e a partir disto são planejadas quais as técnicas e instrumentos mais adequados para serem utilizados na avaliação em questão. No caso da avaliação psicológica psicossocial, a escolha dos materiais é realizada de acordo com o desempenho das atividades e funções de cada NR, observando os riscos ocupacionais, ambientais assim como aspectos mentais. Após a coleta de informações sobre a vida pessoal e ocupacional do trabalhador através da entrevista e observação, é realizada a testagem dos instrumentos que foram selecionados de acordo com as informações obtidas no primeiro contato, levando em consideração também os aspectos cognitivos e físicos observados. Salienta-se a importância da consulta no *site* do Sistema de Avaliação de Testes Psicológicos (SATEPSI), que apresenta uma lista dos instrumentos psicológicos que estão favoráveis e os que estão desfavoráveis, sendo que os favoráveis se encontram aptos para serem utilizados (CFP, 2013). Deve ser realizada a integração das informações da entrevista/observação com o levantamento dos resultados dos testes e, com isso, finalizar o processo com a definição do resultado final, que indicará se o indivíduo está apto ou inapto para exercer determinada função.

Por fim, destaca-se a confecção de um documento psicológico de acordo com a Resolução nº 06/2019 do CFP (ou outra que estiver em vigência no Conselho Federal de Psicologia) após a realização da avaliação psicológica. Na avaliação psicológica psicossocial, recomenda-se a emissão de um Atestado Psicológico ou de um Laudo Psicológico, de acordo com a decisão do psicólogo (Resoluções CFP, 06/2019 & 14/2023), contendo as informações necessárias de acordo com o objetivo estabelecido e conclusões que fundamentem o resultado de aptidão ou inaptidão. Ressalta-se que o avaliado tem direito a uma entrevista devolutiva do processo de avaliação psicológica e também direito a uma cópia do documento que será encaminhado para instituição (CRP, 2016). Também é obrigatória a entrevista devolutiva, conforme a Resolução 06/2019, sobre documentos psicológicos. Dessa forma, pode-se inferir que a Avaliação Psicossocial é considerada uma Avaliação Psicológica, por ser um processo técnico-científico, envolvendo entrevistas, utilização de instrumentos psicológicos e por ser conduzido de acordo com todas as etapas que são descritas em uma avaliação psicológica.

O que são as Normas Regulamentadoras (NRs) 2

Roberta Fernandes Lopes do Nascimento
Tatiane Arruda
Paula Pinto Endres

As Normas Regulamentadoras (NR) são relativas à segurança e medicina do trabalho, sendo obrigatórias nas empresas públicas e privadas, bem como, órgãos públicos, Poder Legislativo e Judiciário, que possuem empregados na Consolidação de Leis do Trabalho (CLT) (Brasil, 2017). As empresas devem realizar avaliação psicológica dos seus trabalhadores, de acordo com as NRs, analisando aspectos clínicos, psicossociais e laborais do indivíduo. As NRs estão disponíveis no *site* do Ministério do Trabalho, e, adiante, segue uma síntese de cada uma delas, embora o ideal seja ler na íntegra cada uma delas, até mesmo porque podem apresentar alterações e modificações:

NR 1 - Disposições gerais: A Norma Regulamentadora nº 01, publicada no D.O.U. em 08 de junho de 1978, Portaria GM n.º 3.214 e com última atualização em 12 de março de 2009, Portaria SIT n.º 84, de 04 de março de 2009, obriga todas as empresas privadas e públicas a observar as orientações relativas à segurança e medicina do trabalho.

A Secretaria de Segurança e Saúde no Trabalho – SSST é o responsável por coordenar, orientar e fiscalizar as ações relacionadas à segurança e medicina do trabalho, a nível nacional. A Delegacia Regional do Trabalho – DRT é o órgão regional responsável por executar ações também relacionadas à segurança e medicina do trabalho. Compete também a DRT adotar as medidas necessárias para garantir o cumprimento das normas relativas à segurança e medicina do trabalho, embargar ou interditar locais de trabalho considerados inseguros, notificar empresas e realizar perícias para atender requisições judiciais quanto a segurança e medicina do trabalho.

Cabe ao empregador garantir o cumprimento das exigências legais quanto a segurança e medicina do trabalho, informar aos trabalhadores quanto aos riscos profissionais e as medidas de proteção, informar os resultados dos exames médicos e complementares realizados pelos trabalhadores e acompanhar fiscalizações. Cabe ao empregado cumprir as orientações legais de segurança, usar os Equipamentos de Proteção Individual – EPI fornecidos pelo empregador e realizar os exames médicos previstos.

No caso do não cumprimento das exigências legais, o empregador receberá as penalidades previstas na legislação vigente. As dúvidas ou exceções serão analisadas pela Secretaria de Segurança e Medicina do Trabalho – SSMT.

NR 2 - Inspeção prévia: A Norma Regulamentadora 2, Portaria GM n.º 3.214, de 08 de junho de 1978, publicada no D.O.U em 06 de julho de 1978 e atualizada pela Portaria SSMT n.º 35, de 28 de dezembro de 1983, orienta quanto a solicitação de aprovação das suas instalações ao órgão regional do Ministério do Trabalho que emitirá o Certificado de Aprovação de Instalações – CAI. As alterações nas instalações e equipamentos devem ser comunicadas ao órgão regional do Ministério do Trabalho para nova inspeção e aprovação. A inspeção prévia e a declaração das instalações são capazes de assegurar que as atividades no estabelecimento são seguras e livres de doenças do trabalho. É possível consultar um modelo de Certificado de Aprovação de Instalação e Declaração de Instalação no texto completo da NR 2.

NR 3 - Embargo ou interdição: A Portaria GM n.º 3.214, de 08 de junho de 1978, publicada no D.O.U em 06 de julho de 1978 e atualizada pela Portaria SIT n.º 199, de 17 de janeiro de 2011, publicada em 19 de janeiro de 2011, estabelece as orientações das medidas de urgência de embargo e interdição adotadas a partir da constatação de situações de risco grave e iminente ao trabalhador, que podem causar acidentes ou doença relacionada ao trabalho.

NR 4 - Serviços especializados em engenharia de segurança e em medicina do trabalho: A NR 4, publicada no D.O.U. em 06 de julho de 1978 pela Portaria GM n.º 3.214, de 08 de junho de 1978 e com última atualização publicada em 02 de maio de 2016, Portaria MTPS n.º 510, de 29 de abril de 2016, apresenta sobre os serviços especializados em engenharia de segurança e em medicina do trabalho – SESMT. A NR institui que todas as instituições que mantêm trabalhadores com contratos regidos pela Consolidação das Leis do Trabalho – CLT ficam obrigadas a manter os serviços especializados de segurança e medicina do trabalho. O objetivo desses serviços é garantir a saúde e integridade dos trabalhadores, com dimensionamento de acordo com o grau de risco da atividade principal e número total de trabalhadores.

Os profissionais integrantes do SESMT devem possuir a qualificação e registro profissional, atendendo a regulamentação da profissão e as normativas técnicas dos Conselhos de Classe. A equipe deve ser composta pelo Médico do Trabalho, Engenheiro de Segurança do Trabalho, Técnico de Segurança do Trabalho, Enfermeiro do Trabalho e Auxiliar ou Técnico em Enfermagem do Trabalho. Compete ao SESMT aplicar seus conhecimentos a todos os componentes, máquinas e equipamentos com o intuito de reduzir ou eliminar os riscos existentes à saúde do trabalhador, havendo necessidade de exigir o uso dos Equipamentos de Proteção Individual – EPI, responsável pelas orientações visando o cumprimento das NRs necessárias.

NR 5 - Comissão Interna de Prevenção de Acidentes (Manual da CIPA): A Norma Regulamentadora número 5 orienta quanto a constituição da Comissão Interna de Prevenção de Acidentes (CIPA), que tem como objetivo prevenir acidentes e doenças decorrentes do trabalho, garantindo a preservação da vida e a promoção da saúde do trabalhador. A NR 5 foi publicada no D.O.U. em 06 de julho de 1978 pela Portaria GM n.º 3.214, de 08 de junho de 1978, com última atualização pela Portaria SIT n.º 247, de 12 de julho de 2011, publicada em 14 de julho de 2011. As instituições que admitam trabalhadores como empregados ficam obrigadas a constituir a CIPA, composta por representantes de empregadores (designados pela empresa) e empregados (eleitos pelos trabalhadores).

A CIPA atuará na identificação e elaboração dos mapas de riscos, elaborar ações preventivas para soluções de problemas na área de saúde e segurança, definir prioridades e realizar verificações nos ambientes de trabalho, divulgar as informações aos trabalhadores, participar de discussões como empregador sobre saúde e segurança, colaborar com os programas como PCMSO e PPRA entre outros, promover a Semana Interna de Prevenção de Acidentes – SIPAT e Campanhas de Prevenção à Síndrome da Imunodeficiência Adquirida – AIDS.

NR 6 - Equipamento De Proteção Individual –EPI: A Portaria MTb n.º 3.214, de 08 de junho de 1978, publicada no D.O.U em 06 de julho de 1978 e com última atualização pela Portaria MTb n.º 877, de 24 de outubro de 2018, publicada em 26 de outubro de 2018, orienta quanto ao Equipamento de Proteção Individual – EPI utilizados para proteger os trabalhadores de possíveis riscos que ameaçam a saúde e segurança do trabalhador. Os EPIs somente poderão ser utilizados e comercializados com o Certificado de Aprovação – CA, expedido pelo órgão competente do Ministério do Trabalho e Emprego.

O fornecimento dos EPIs é uma obrigação da empresa e gratuita para os trabalhadores nas situações em que a proteção coletiva é insuficiente para proteger dos riscos de acidentes e/ou doenças relacionadas ao trabalho, enquanto a proteção coletiva estiver sendo instalada ou nas situações de emergências. Os EPIs devem ser fornecidos em perfeito estado de conservação e funcionamento.

NR 7 - Programa De Controle Médico De Saúde Ocupacional (PCMSO): A Norma Regulamentadora nº 07, publicada no D.O.U. em 08 de junho de 1978, Portaria GM n.º 3.214 e atualizada em 09 de dezembro de 2013, Portaria MTE n.º 1.892, estabelece as diretrizes e a obrigatoriedade para implementação do Programa de Controle Médico e Saúde Ocupacional (PCMSO) pelos empregadores. O PCMSO tem como objetivo a preservação e promoção da saúde dos trabalhadores em geral; rastreamento, diagnóstico precoce de alterações de saúde, existência de doenças ou danos irreversíveis relacionados ao trabalho. O coordenador responsável pela execução do PCMSO será um médico dos Serviços Especializados em Engenharia de Segurança e Medicina do Trabalho (SESMT), considerando as especificidades da NR 4 (total de empregados e grau de risco da atividade).

Ao empregador cabe a responsabilidade de implementar o PCMSO, arcar com os custos de todos os exames necessários e elaborar um plano relatório anual que inclua informações sobre os setores, exames realizados e as ações de saúde a serem desenvolvidas no próximo ano. Todos os estabelecimentos ficam também obrigados a manter os materiais indicados para prestar os primeiros socorros aos trabalhadores quando necessário.

Os exames obrigatórios no PCMSO incluem a avaliação clínica, anamnese ocupacional, exame físico e mental e, quando necessário serão solicitados exames complementares. Esses exames são realizados na admissão, nos periódicos, no retorno ao trabalho, mudança de função e na demissão. A partir disto, em cada uma das situações, o médico emitirá o Atestado de Saúde Ocupacional (ASO), uma via permanece arquivada na empresa e outra deve ser entregue ao trabalhador.

A NR 7, em seus anexos, dispõe sobre os orientações e parâmetros sobre os parâmetros para monitorar a exposição ocupacional, exames de audiometria e radiografias de tórax. Com relação a audiometria, estabelece os padrões para a avaliação e acompanhamento da audição dos trabalhadores. Como perda auditiva entende-se alterações irreversíveis e progressivas gradualmente com o tempo de exposição ao risco. O exame deve ser realizado na admissão, após seis meses, passa a ser repetido anualmente e no exame demissional.

Diante da identificação de alterações nos exames, o médico coordenador/ encarregado deverá emitir a Comunicação de Acidente de Trabalho (CAT) e, se necessário, solicitar o afastamento do trabalhador da exposição ou do trabalho e encaminhamento à Previdência Social.

Os dados dos exames obrigatórios e complementares, das avaliações clínicas, as conclusões e medidas adotadas, devem ser registrados no prontuário individual do trabalhador e serem mantidos arquivados por vinte anos, sob responsabilidade do médio coordenador do PCMSO. Na NR 07 – PCMSO, o Despacho da Secretaria de Segurança e Saúde no Trabalho (1° de outubro de 1996) DOU de 04-10-1996, p. 2, destaca as características biopsicofisiológicas a serem consideradas:

> O nível de complexidade do programa depende basicamente dos riscos existentes em cada empresa, das exigências físicas e psíquicas das atividades desenvolvidas, e das características biopsicofisiológicas de cada população trabalhadora. Assim, um Programa poderá se resumir à simples realização de avaliações clínicas bienais para empregados na faixa etária dos 18 aos 45 anos, não submetidos a

riscos ocupacionais específicos, de acordo com o estudo prévio da empresa. (Ministério do Trabalho e do Emprego, 2013a)

NR 8 – Edificações: A NR 8, publicada no D.O.U. em 06 de julho de 1978, pela Portaria GM n.º 3.214, de 08 de junho de 1978 e atualizada pela Portaria SIT n.º 222, de 06 de maio de 2011, publicada em 10 de maio de 2011 apresenta os requisitos técnicos mínimos a serem observados nas edificações afim de garantir a segurança dos trabalhadores, seguindo também as orientações municipais.

NR 9 – Programa de prevenção de riscos ambientais – PPRA: A Norma Regulamentadora nº 9 sobre Programa de Prevenção de Riscos Ambientais, publicada no D.O.U. em 06 de julho de 1978, Portaria MTb n.º 3.214, de 08 de junho de 1978, com última atualização pela Portaria MTb n.º 871, de 06 de julho de 2017, publicada em 07 de julho de 2017, orienta sobre a obrigatoriedade de elaboração e implantação do Programa de Prevenção de Riscos Ambientais – PPRA por parte dos empregadores.

O PPRA abrange sobre as iniciativas da empresa para preservar a saúde e integridade dos trabalhadores, que deve estar de acordo com o Programa de Controle Médico de Saúde Ocupacional – PCMSO previsto na NR 7. Por risco ambiental, essa NR considera agentes físicos (ruído, vibrações, temperaturas extremas e radiações), químicos (poeira, névoas, gases, vapores) e biológicos (bactérias, fungos, parasitas).

O PPRA deve conter um planejamento anual, estratégias de ação, forma de registro e divulgação de informações. Essas informações devem estar num documento base, com as devidas alterações e ficar à disposição das autoridades competentes. As etapas para elaboração do PPRA devem incluir a antecipação de riscos, estabelecer metas, implantar e monitorar ações, além de registrar dados. O Programa pode ser elaborado pelo Serviço Especializado em Engenharia de Segurança e em Medicina do Trabalho – SESMT ou por uma pessoa capacitada.

NR 10 – Segurança em instalações e serviços em eletricidade (Também o Manual de auxílio na interpretação e aplicação da NR 10): A Norma Regulamentadora nº 10 sobre Segurança em Instalações e Serviços em Eletricidade, publicada no D.O.U. em 06 de julho de 1978,

Portaria MTb n.º 3.214, de 08 de junho de 1978, com última atualização pela Portaria MTPS n.º 508, de 29 de abril de 2016, publicada em 02 de maio de 2016, estabelece as condições mínimas de implementação de sistemas de controle e preventivos, que garantam a segurança e saúde dos trabalhadores em atividades de instalações elétricas e serviços com eletricidade. A abrangência desta NR se aplica desde a fase de geração, transmissão, distribuição e consumo, que inclui as etapas de projeto, montagem, operação, manutenção e demais trabalhos realizados nas suas proximidades. Esta NR não se aplica a instalações elétricas alimentadas por redes extra baixa tensão.

Em todas as atividades, os empregadores devem adotar medidas de controle de risco que garanta a saúde e segurança do trabalho e as empresas devem também manter esquemas atualizados das instalações elétricas e com as especificações de aterramento e manter o Prontuário de Instalações Elétricas. Nesse prontuário deve conter um conjunto de procedimentos e instruções técnicas, documentação de inspeções, definições para a utilização dos equipamentos de proteção individual – EPIs e coletiva necessários, documentos que comprovem a qualificação e autorização dos trabalhadores para exercem essa atividade e relatórios técnicos de inspeções. Em determinadas situações, deve incluir no Prontuário a descrição dos procedimentos de emergência e certificados dos equipamentos de proteção individual e coletiva.

As ações de emergência devem estar contempladas no Plano de Emergências da empresa e a equipe preparada para prestar os primeiros socorros necessários. É responsabilidade da empresa manter os procedimentos e os trabalhadores instruídos quanto aos riscos do trabalho, além de informar qualquer ocorrência de acidente de trabalho. Ao trabalhador compete cumprir os procedimentos de segurança, selar para sua segurança e informar ao responsável imediato qualquer intercorrência. O trabalhador possui o direito de recusar qualquer atividade que apresente risco iminente à sua integridade. O não cumprimento das orientações previstas nesta NR, a empresa receberá as penalidades previstas.

NR 11 – Transporte, movimentação, armazenagem E manuseio de materiais: A Portaria MTb n.º 3.214, de 08 de junho de 1978, publicada no D.O.U. em 06 de julho de 1978 orienta quanto ao Transporte, Movimentação, Armazenamento e Manuseio de Materiais (NR 11) e foi atualizada pela Portaria MTPS n.º 505, de 29 de abril de 2016, publicada em 02 de maio de 2016. As orientações quanto as normas de segurança contemplam a operação de elevadores, guindastes, transportadores industriais e máquinas transportadoras.

NR 12 – Segurança no trabalho em máquinas e equipamentos: Esta norma estabelece nos anexos: Anexo I: Distâncias de segurança e requisitos para o uso de detectores de presença opto eletrônicos; Anexo II: Conteúdo programático da capacitação; Anexo III : Meios de acesso permanentes; Anexo IV: Glossário; Anexo V: Motosserras; Anexo VI: Máquinas para Panificação e Confeitaria; Anexo VII: Máquinas para açougue, mercearia, bares e restaurantes; Anexo VIII: Prensas e similares; Anexo IX: Injetora de Materiais Plásticos; Anexo X: Máquinas para fabricação de calçados e afins; Anexo XI: Máquinas e implementos para uso agrícola e florestal; ANEXO XII: Equipamentos de guindar para elevação de pessoas e realização de trabalho em altura. Ontem ainda a Cartilha NR 12 (Máquinas De Couro).

NR 13 – Caldeiras, vasos de pressão, tubulações e tanques metálicos de armazenamento: Esta NR também dispõe de Perguntas e Respostas da NR 13 (Atualizado em 14/02/2018). A Portaria MTb n.º 3.214, de 08 de junho de 1978, publicada no D.O.U. em 06de julho de 1978 e última atualização publicada em 20 de dezembro de 2018, na Portaria MTb n.º 1.082, de 18 de dezembro de 2018, estabelece a Norma Regulamentadora nº 13 sobre gestão da estrutura de caldeiras, vasos de pressão, tubulações e tanques metálicos de armazenamento, com o objetivo de garantir a saúde e segurança dos trabalhadores.

O não cumprimento das orientações da NR 13 constitui Risco Grave e Iminente – RGI à saúde e integridade dos trabalhadores, como: atraso na inspeção de segurança periódica, bloqueio de dispositivos de segurança, ausência de dispositivo para controle de nível de água, operar máquina deteriorada ou por operador não qualificado. Em situações que ocorrem acidentes de grandes proporções relacionados a internação ou morte de trabalhadores, devem ser comunicadas até o segundo dia útil da ocorrência ao órgão regional do Ministério do Trabalho e ao sindicato da categoria. Quando o trabalhar perceber uma situação de risco grave e iminente para sua saúde e integridade, o mesmo pode exercer seu direito de recusa e cabe ao empregador garantir este direito e adotar medidas de contenção de risco.

NR 14 – Fornos: A NR 14, publicada no D.O.U. em 06 de julho de 1978, Portaria GM n.º 3.214, de 08 de junho de 1978 e atualizada pela Portaria SSMT n.º 12, de 06 de junho de 1983, publicada em 14 de junho de 1983, orienta quanto a construção e utilização de fornos para garantir a segurança e o conforto dos trabalhadores. Os fornos devem ser construídos em locais adequados, evitando o acúmulo de gases nocivos e vapores quentes. Se os fornos utilizarem combustíveis gasosos e líquidos, devem conter sistemas de proteção contraexplosão e que evitem retrocesso da chama, além de possuírem chaminé adequada para a saída dos gases queimados, seguindo as orientações técnicas oficiais sobre poluição do ar.

NR 15 - Atividades e operações insalubres: A NR 15, Portaria MTb n.º 3.214, de 08 de junho de 1978, publicada no D.O.U. em 06 de julho de 1978, com última atualização em 19 de dezembro de 2018, Portaria MTb n.º 1.084, de 18 de dezembro de 2018, regulamenta as atividades e operações insalubres conforme orientações nos anexos da Norma. A NR considera também os limites de segurança quanto a concentração ou intensidade e tempo de exposição do trabalhador, para que o agente não cause prejuízos à sua saúde. A exposição a agentes insalubres durante a realização de atividades de trabalho, garante ao trabalhador um adicional que incide sobre o salário mínimo regional, conforme a clarificação: 40% (quarenta por cento), para insalubridade de grau máximo; 20% (vinte por cento), para insalubridade de grau médio e 10% (dez por cento), para insalubridade de grau mínimo. Não será permitido o acúmulo de mais de um fator de insalubridade e no caso de eliminação ou neutralização da insalubridade, o pagamento do adicional será suspenso.

Para exercer esse tipo de atividade, os trabalhadores devem ter idade entre 18 e 45 anos, realizar os exames médicos obrigatórios e utilizar placa de identificação. Antes do início do turno, todos os trabalhadores devem ser avaliados pelo médico do trabalho, se houver alterações de saúde, o trabalhador fica impedido de exercer a atividade. No caso de inaptidão, o profissional fica impedido de exercer a atividade, até ser liberado. É proibido uso de bebidas alcoólicas, bebidas gasosas ou fumar nos locais de trabalho sob ar comprimido. No caso de trabalhadores inexperientes, um supervisor competente deverá acompanhar sua atividade.

NR 16 - Atividades e operações perigosas: A Norma Regulamentadora nº 16 que orienta quanto as atividades e operações perigosas foi publicada no D.O.U. em 06 de julho de 1978, na Portaria GM n.º 3.214, de 08 de junho de 1978 e com última atualização publicada na Portaria MTE n.º 05, de 07 de janeiro de 2015, em 08 de janeiro de 2015.

Para o exercício de atividades e operações consideradas perigosas, será acrescido percentual de periculosidade de 30% sobre o salário do trabalhador, sem incidência sobre gratificações, prêmios ou participação nos lucros. O empregado pode escolher o adicional de insalubridade, se houver. O empregador tem a responsabilidade de caracterizar ou descaracterizar a periculosidade mediante laudo técnico do Médico do Trabalho ou Engenheiro de Segurança do Trabalho.

A NR 16 considera atividades e operações perigosas àquelas executadas com explosivos que podem causar a degradação química ou auto catalítica ou a ação de agentes exteriores, como calor, umidade, faíscas, fogo, fenômenos sísmicos, choque e atritos. A NR inclui também as atividades de transporte de líquidos inflamáveis líquidos ou gasosos liquefeitos, exceto as quantidades de líquido inflamáveis transportadas em tanques de consumo de veículo próprio e pequenas quantidades.

NR 17 - Ergonomia: A Portaria MTb n.º 3.214, de 08 de junho de 1978, publicada no D.O.U. em 06 de julho de 1978 e última atualização pela Portaria MTb n.º 876, de 24 de outubro de 2018, Rep. 26 de outubro de 2018, regulamenta a NR 17 sobre Ergonomia, orientando quanto aos parâmetros de adaptação das condições de trabalho, buscando proporcionar conforto, segurança e desempenho eficiente aos trabalhadores.

É responsabilidade do empregador realizar a análise ergonômica do trabalho abordando as condições de trabalho, no mínimo e demais aspectos, como: mobiliários, equipamentos, levantamento, transporte e descarga de materiais. O transporte de materiais corresponde às atividades de transporte de materiais realizado por um único trabalhador, considerando o peso do material e o esforço físico necessário, não permitindo que trabalhadores transporte material com peso que possa causar danos a sua saúde e segurança.

O mobiliário deve também atender características para garantir condições mínimas de conforto ao trabalhador nas atividades realizadas em pé ou sentado. A NR 17 orienta que os postos de trabalho devem ser planejados com altura e dimensões de móveis adequados para facilitar a atividade do trabalhador, atentando também para a necessidade de adequações no uso de pedais. Os assentos utilizados devem possuir ajuste de altura e encosto para a região lombar do trabalhador e nos postos em que o trabalho é realizado em pé, devem conter assentos para os trabalhadores utilizarem nos momentos de descanso.

Os equipamentos utilizados nos postos de trabalho devem considerar as características psicofisiológicas dos trabalhadores e a natureza do trabalho a ser executado, com suportes para leitura e digitação de documentos e com ajustes de tela e teclado. As condições ambientais e de trabalho, nas atividades que exijam solicitação intelectual e atenção constantes devem assegurar níveis de ruído, temperatura, velocidade e umidade relativa de ar, adequados, além de iluminação natural ou artificial distribuída uniformemente.

Além de considerar as normas e modo de produção, a organização de trabalho deve considerar a exigência de tempo, ritmo de trabalho e conteúdo das tarefas. Se a atividade exigir sobrecarga muscular estática ou dinâmica do pescoço, ombros, dorso e membros superiores e inferiores, os trabalhadores devem possuir pausas para descanso e após afastamento de 15 dias, o nível de produção deve ser retomado gradativamente. As atividades de processamento eletrônico de dados, devem seguir orientações específicas quanto a exigência de toques diários, tempo efetivo de trabalho de entrada de dados (máximo de cinco horas diárias, no restante do turno o trabalhador pode exercer outras atividades), respeitar pausas de 10 minutos a cada 50 minutos de trabalho.

A capacitação dos trabalhadores nessa área deve conter conteúdos relativos ao exercício da função e sobre sintomas de adoecimento, com duração de quatro horas. A reciclagem deve ser realizada a cada seis meses, durante a jornada de trabalho. As condições sanitárias e de conforto devem atender a Norma Regulamentadora nº 24 – NR 24. O empregador deve manter locais adequados para lanche e armários individuais e sanitários separados por sexo e ambientes confortáveis para descanso e recuperação durante as pausas.

O Programa de Controle Médico de Saúde Ocupacional – PCMSO, além de atender à Norma Regulamentadora nº 7 – NR 7, deve reconhecer e registrar os riscos identificados na análise ergonômica. O empregador deve manter programa de vigilância epidemiológica para detectar precocemente doenças relacionadas ao trabalho, ações para promover a saúde vocal dos trabalhadores. O empregador deverá fornecer cópia dos Atestados de Saúde Ocupacional – ASO e cópia dos resultados dos demais exames aos trabalhadores.

A análise ergonômica deve conter a descrição das características dos postos de trabalho, avaliação da organização do trabalho, relatórios estatísticos de queixas de agravo à saúde, relatórios de avaliação de satisfação no trabalho e clima organizacional, registros de sugestões de trabalhadores, recomendações ergonômicas definidas em planos e propostas. As análises ergonômicas devem ser impressas em folhas numeradas, datadas e rubricadas, contendo as etapas de execução.

Para as Pessoas com Deficiência – PCD e aquelas cujas medidas antropométricas não sejam atendidas pelas especificações deste Anexo, o mobiliário deve ser adequado para atender suas necessidades para facilitar a integração ao trabalho. Para fins de adequações após a publicação da portaria, consultar as orientações no item Disposições Transitórias da NR 17.

NR 18 - Condições e meio ambiente de trabalho na indústria da construção: A Portaria MTb n.º 3.214, de 08 de junho de 1978, publicada no D.O.U. em 06 de julho de 1978 e com última atualização publicada no D.O.U. em 19 de abril de 2018, pela Portaria MTb n.º 261, de 18 de abril de 2018, orienta quanto as medidas para controle e prevenção visando a segurança nos processos e no ambiente de trabalho na Indústria da Construção. Todos os trabalhadores devem estar devidamente orientados e assegurados pelas medidas previstas nesta NR. Antes de iniciar as atividades, a comunicação de informações sobre a obra para a Delegacia Regional do Trabalho, como: endereço, tipo de obra, data de previsão para início e término da obra e número de trabalhadores na obra.

As medidas de proteção contra quedas de altura incluem a instalação de proteção coletiva obrigatoriamente, as aberturas no chão devem ser fechadas provisoriamente e as aberturas para transporte vertical de materiais devem ser protegidas por guarda-corpo fixo, na periferia da edificação deve ser instalada proteção contra a queda de trabalhadores ou de material.

Para a realização das atividades em locais confinados, que apresentam riscos de asfixia, explosão, intoxicação e doenças do trabalho, os trabalhadores devem ser treinados quanto aos riscos da atividade, deve ser realizada inspeção prévia e elaboração de ordem desserviço, possuir ventilação local e sinalização com informações claras e a cada grupo de vinte trabalhadores, dois devem ser treinados para situações de resgate.

Em caso de acidente fatal, a ocorrência deve ser comunicada imediatamente a autoridade policial competente e ao órgão regional do Ministério do Trabalho, que fica responsável por comunicar ao sindicato da categoria profissional da obra e o local deve ser isolado. A liberação da área será permitida após a investigação da ocorrência.

NR 19 - Explosivos: A NR 19, publicada no D.O.U. em 06 de julho de 1978, Portaria GM n.º 3.214 e atualizada em 77 de maio de 2011, Portaria SIT n.º 228, dispõe sobre as atividades com material explosivo ou substância que, quando iniciada, sofre decomposição muito rápida em produtos mais estáveis, com grande liberação de calor e desenvolvimento súbito de pressão. Essa NR proíbe a fabricação de explosivos no perímetro urbano e orienta quanto a obediência às especificidades do Regulamento para Fiscalização de Produtos Controlados (R-105) do Exército Brasileiro, aprovado pelo Decreto n.º 3.665, de 20 de novembro de 2000. Para exercer esse tipo de atividade, a empresa deve possuir o Título de Registro (TR), emitido pelo Exército Brasileiro. A empresa deve manter um Plano de Emergência e Combate a Incêndio e Explosão, além de treinar os trabalhadores obrigatoriamente no momento da admissão, troca de função, mudança nos procedimentos, equipamentos, processos ou nos materiais de trabalho, com frequência mínima a cada ano.

NR 20 - Segurança e saúde no trabalho com inflamáveis e combustíveis: A portaria da Secretaria de Inspeção do Trabalho n. 308 de 29/02/2012, publicação D.O.U. 06/03/2012, que regulamenta a NR 20, estabelece os requisitos mínimos para a gestão de segurança no trabalho contra riscos de acidentes decorrentes das atividades de extração, produção, armazenamento, transferência, manuseio e manipulação de líquidos inflamáveis e combustíveis, incluindo as atividades dos integrantes da equipe de resposta a emergências (Brigada de Emergência). Essa NR não inclui os trabalhadores das atividades de exploração e produção de petróleo e gás do subsolo marinho, e residências unifamiliares.

A empresa fica obrigada a realizar adequações físicas e treinamentos aos trabalhadores, com carga horária e conteúdo definido conforme o tipo de atividade executada e exposição ao risco. Os treinamentos são de nível Integração, Básico, Intermediário e Avançado I e II, dependendo do tipo de atividade. Ao empregador cabe também documentar, implementar e divulgar os procedimentos operacionais que visam a segurança e a saúde no trabalho. Aos integrantes da equipe de respostas a emergências realizam, além dos treinamentos obrigatórios e dos exames médicos específicos para a sua função, exames que incluem os fatores de riscos psicossociais, com emissão do Atestado de Saúde Ocupacional (ASO).

NR 21 - Trabalhos a céu aberto: A Portaria GM n.º 3.214, de 08 de junho de 1978, publicada D.O.U. em 06/07/78 e atualizada pela Portaria GM n.º 2.037, de 15 de dezembro de 1999, que regulamenta a NR 21 – Trabalhos a céu aberto, estabelece medidas de proteção dos trabalhadores contra o calor, o frio, a umidade e ventos inconvenientes. A exigência nessa NR é de que os empregadores ofereçam abrigos e alojamentos com condições sanitárias adequadas e medidas de proteção contra endemias também adequadas.

NR 22 - Segurança e saúde ocupacional na mineração: A Portaria MTb n.º 3.214, de 08 de junho de 1978, publicada D.O.U. em 06/07/78 e atualizada pela Portaria MTPS n.º 506, de 29 de abril de 2016, que regulamenta a NR 22 – Segurança e Saúde Ocupacional na Mineração, estabelece os parâmetros para a organização e o ambiente para atividade de mineração, priorizando a saúde e a segurança dos trabalhadores. Esta NR engloba as seguintes atividades: mineração subterrânea, mineração a céu aberto, garimpos, beneficiamentos de minerais e pesquisa mineral.

Cabe a empresa responsável ou Permissionário de Lavra Garimpeira implementar e coordenar as medidas que envolvem a saúde e segurança dos trabalhadores, seguindo as orientações dessa Norma e seguir também as orientações da NR 7, sobre o PCMSO – Programa de Controle Médico e Saúde Ocupacional. É importante identificar os riscos da atividade num primeiro momento, para monitorar os fatores e a exposição dos trabalhadores a eles. Esse Programa de Gerenciamento de Riscos deve contemplar ações preventivas e de monitoramento periódico da exposição dos trabalhadores. No caso do PGR implantado, a empresa fica desobrigada de manter o PPRA.

O trabalhar fica também obrigado a zelar pela sua própria segurança e a informações alterações que coloquem a si próprio e terceiros em risco. E, no caso, de estar em risco, se negar a exercer determinada atividade. Nas atividades no subsolo e a céu aberto com manuseio de explosivos, é necessária uma equipe de dois trabalhadores para executar. O Plano de Gerenciamento de Riscos deve contemplar ações de prevenção e combate a explosões e incêndio. Todas as áreas da mina devem estar contempladas nessas ações e as equipes de combate a incêndios devidamente treinadas. Os treinamentos e as simulações devem acontecer periodicamente com os trabalhadores.

NR 23 - Proteção contra incêndios: A Portaria GM n.º 3.214, de 08 de junho de 1978, publicada D.O.U. em 06/07/78 e atualizada pela Portaria SIT n.º 221, de 06 de maio de 2011, que regulamenta a Proteção contra Incêndio, NR 23, que define que todos os empregadores adotem medidas de prevenção de incêndios, considerando a legislação vigente. A NR 23, propõe adequações na estrutura física das empresas, atentando para as saídas de emergências para que fiquem visíveis, de fácil acesso e desobstruídas, além de contar com dispositivo de travamento, permitindo facilmente abertura e fechamento. Os trabalhadores devem ser informados quanto a utilização dos equipamentos de combate ao incêndio, procedimentos de evacuação de locais e dispositivos de alarmes existentes.

NR 24 - Condições sanitárias e de conforto nos locais de trabalho: A NR 24, publicada no D.O.U. em 06/07/78, Portaria GM n.º 3.214, de 08 de junho de 1978, atualiza na Portaria SSST n.º 13, de 17 de setembro de 1993, publicada no D.O.U. em 21/09/93, discorre sobre as instalações sanitárias, incluindo aparelho sanitário, gabinete sanitário e banheiro, que deverão ser separadas por sexo. Esses locais devem ser higienizados constantemente durante os horários de trabalho e deverá contar com material de limpeza e secagem das mãos, sendo proibido o uso de toalhas coletivas. A cada 10 trabalhadores de atividades insalubres ou com exposição a substâncias tóxicas, irritante, suicida ou exposição a altas temperaturas, é exigido um chuveiro. No caso de atividades insalubres, os armários deverão conter dois compartimentos, para permitir uma adequada separação entre as roupas de trabalho e as roupas de uso pessoal. Os trabalhadores que não utilizam uniforme podem contar com uma gaveta, escaninho ou cabide para guardar seus pertences.

NR 25 - Resíduos industriais: A Portaria GM n.º 3.214, de 08 de junho de 1978, publicada no D.O.U. em 06/07/78, Portaria SIT n.º 227, de 24 de maio de 2011, publicada no D.O.U. em 26/05/11 e a Portaria SIT n.º 253, de 04 de agosto de 2011, publicada no D.O.U. em 08/09/11, definem resíduo industrial os materiais provenientes de processos industriais, tanto forma sólida, líquida ou gasosa que por suas características não se assemelham a resíduos domésticos ou gerados por equipamentos e instalações e controle de poluição. Cada estabelecimento deve buscar meios de reduzir a geração desses resíduos e dar o destino adequado, sendo proibida a liberação no ambiente de qualquer substância contaminante que possa comprometer a saúde dos trabalhadores. É obrigação da empresa realizar capacitações sobre os riscos de cada atividade, como os trabalhadores envolvidos nas atividades de coleta, manipulação, acondicionamento, armazenamento, transporte, tratamento e disposição de resíduos.

NR 26 - Sinalização de segurança: Conforme a Norma Regulamentadora nº 26 (Portaria MTb n.º 3.214, de 08 de junho de 1978, publicada no D.O.U. em 06/07/78; Portaria SIT n.º 229, de 24 de maio de 2011, publicada no D.O.U. em 27/05/11 e Portaria MTE n.º 704, de 28 de maio de 2015, publicada no D.O.U. em 29/05/15), devem ser adotadas cores para segurança, indicativas e alertas de riscos existentes, mas, não dispensam o uso de outras formas de prevenção de acidentes. O uso das cores não deve se tornar estímulos distratores para os trabalhadores, seu uso deve ser moderado.

Em relação ao produto químico utilizado no trabalho, o empregador deve garantir aos trabalhadores o acesso às informações de segurança, como também, devem fornecer treinamento quanto essas informações, riscos, medidas preventivas e procedimentos a serem adotados no caso de situações de emergência no uso desses produtos.

NR 27 - Registro profissional do técnico de segurança do trabalho (revogada): Esta norma foi revogada.

NR 28 - Fiscalização e penalidades: A Norma Regulamentadora 28 trata da Fiscalização e Penalidades (Portaria MTb n.º 3.214, de 08 de junho de 1978, publicada no D. O. U. em 06/07/78), passou por diversas alterações e atualizações, sendo a mais recente Portaria MTb n.º 167, de 20 de fevereiro de 2017, publicada no D.O.U. em 21/02/17. Essa NR define que na ação fiscalizadora, o agente da inspeção poderá anexar documentos de todos os meios para comprovar a infração. O agente da inspeção do trabalho, com base em critérios técnicos, poderá notificar os empregadores concedendo prazos para a correção das irregularidades encontradas, que deverá, no máximo, de sessenta dias. Diante de solicitação por escrito e por motivos relevantes, o prazo poderá ser prorrogado por cento e vinte dias.

No caso de situações consideradas graves, que representem risco iminente a saúde e integridade do trabalhador, o agente de inspeção do trabalho pode solicitar a interdição do local, seja um setor, uma máquina, um equipamento ou uma obra parcial ou totalmente. Além do embargo, devem ser pontuadas as ações de adequações das situações que representam risco. No caso de descumprimento de infrações por três vezes de um mesmo item de uma norma regulamentadora ou se houver negligência do empregador em cumprir com as disposições legais, deixar de atender as advertências ou sanções do agende de inspeção do trabalho, terão de cumprir com as penalidades definidas na NR 28. As penalidades seguirão um quadro de gradação de multas (Anexo I), que obedecerá às infrações previstas no quadro de classificação de infrações (Anexo II). Os anexos estão disponíveis na íntegra na NR 28.

NR 29 - Norma regulamentadora de segurança e saúde no trabalho portuário: A NR 29, publicada no D.O.U. em 29/12/1997, Portaria SSST N.º 53, de 17 de dezembro de 1997, atualizada pela Portaria MTE n.º 1080, de 16 de julho de 2014, publicada no D.O.U. em

17/07/14, regulamenta as ações de proteção obrigatórias para segurança e saúde dos trabalhadores portuários, incluindo acidentes e doenças profissionais. Essa NR comtempla os trabalhadores em atividades a bordo quanto em terra, trabalhadores de portos organizados, instalações portuárias privativas e retro portuárias, que se localizam dentro ou fora da área de porto organizado.

O empregador, ou Órgão Gestor de Mão-de-Obra – OGMO, devem elaborar e implementar o Programa de Prevenção de Riscos Ambientais – PPRA (NR 9) e o Programa de Controle Médico de Saúde Ocupacional – PCMSO (NR 7), disponibilizar os equipamentos de proteção individual – EPI e coletiva – EPC (NR 6) e fornecer formação sobre segurança e saúde ocupacional no trabalho portuário. Ao trabalhador, cabe cumprir as orientações desta NR, informar alterações que comprometam a segurança na realização das atividades, utilizar de forma adequada os EPIs e EPCs.

Nas atividades de atracação, desatracação e manobras das embarcações, devem ser adotadas medidas de prevenção a acidentes, incluindo o uso de coletes salva-vidas. No caso de atividades realizadas próximas a água, é necessário o uso de boias salva-vidas e, se for a noite, de boias com dispositivo automático de sinalização. O Plano de Controle de Emergência da instalação portuária, devem conter medidas de prevenção de acidentes provocados pela ação do vento, no caso de equipamentos de içar. A NR também dispõe de orientações para o armazenamento de granéis, transporte, movimentação, armazenagem e manuseio de materiais.

NR 30 - Segurança e saúde no trabalho aquaviário: A NR 30, publicada no D.O.U. em 09/12/2002, Portaria SIT n.º 34, de 04 de dezembro de 2002 e atualizada pela Portaria MTE n.º 2.062, de 30 de dezembro de 2014, publicada no D.O.U. em 02/01/15, regulamenta as condições de saúde e segurança dos trabalhadores aquaviários, incluindo embarcações comerciais (nacionais e estrangeiras), utilizadas no transporte de mercadorias e passageiros, e na prestação de serviços, trabalhadores das embarcações artesanais, comerciais e industriais de pesca, embarcações e plataformas de petróleo, embarcações de trabalho submerso e plataformas de outras atividades.

É responsabilidade dos armadores e prepostos implementar o PCMSO, disponibilizar aos trabalhadores as normas de segurança e divulgar informações sobre acidentes de trabalho. Aos trabalhadores cabe utilizar de maneira adequada os equipamentos e dispositivos de segurança e comunicar situações que possam colocar a segurança da tripulação e dos trabalhadores em risco.

NR 31 - Segurança e saúde no trabalho na agricultura, pecuária silvicultura, exploração florestal e aquicultura: Conforme a Norma Regulamentadora nº 31 (Portaria MTE n.º 86, de 03 de março de 2005, publicação no DOU em 04/03/2005 e atualizada pela Portaria MTE n.º 1.896, de 09 de dezembro de 2013, publicada no DOU em 11/12/2013), estabelece as diretrizes na organização e ambiente de trabalho nas atividades de agricultura, pecuária, silvicultura, exploração florestal e aquicultura com a segurança e saúde e meio ambiente do trabalho, incluindo empresas, empregadores, cooperativas de produção ou parceiros rurais.

O empregador rural deve garantir instalações adequadas de trabalho aos empregados e realizar avaliações de risco para a segurança e saúde dos trabalhadores, além de analisar sobre os acidentes e adoecimento no trabalho com a Comissão Interna de Prevenção de Acidentes no Trabalho Rural (CIPATR), a fim de manter o foco na prevenção dessas situações. Cabe ao empregado informar sobre os riscos decorrentes da atividade, resultado de exames médicos e complementares e resultados das avaliações ambientais que foram realizadas nos locais de trabalho.

A CIPATR deve ser constituída por empresas com mais de vinte empregados contratados por prazo indeterminado, tendo como objetivo promover ações com foco na prevenção de acidentes de trabalho. Os membros da CIPATR passarão por treinamento antes da posse com conteúdo abordando os principais riscos que os trabalhadores estão expostos.

A NR 31 também orienta quanto ao uso de agrotóxicos, proibindo o uso de produtos não registrados e não autorizador por órgãos competentes e seu manuseio por menores de 18 anos, maiores de 60 anos e gestantes. O trabalhador que manuseará o agrotóxico deverá passar por treinamento sobre prevenção de acidentes, além de usar vestimentas e equipamentos de proteção individual adequados para a situação. Os resíduos resultantes do processo produtivo devem ser descartados de forma adequada, atendendo a legislação vigente.

NR 32 - Segurança e saúde no trabalho em serviços de saúde: A Norma Regulamentadora nº 32 (portaria GM n. 485, de 11 de novembro de 2005, publicada no D.O.U em 16/11/05 e atualizada pela Portaria GM n.º 1.748, de 30 de agosto de 2011, publicada no D.O.U. em 31/08/11), dispõe sobre as diretrizes para as medidas de proteção à saúde e segurança dos trabalhadores dos serviços de saúde e que exercem atividades de promoção e assistência à saúde em geral. Também dispõe de um Guia Técnico de Riscos Biológicos.

O empregador deve vedar o ato de fumar, usar adornos, manuseio de lentes de contato, guarda e consumo de alimentos, uso de calçados abertos nos postos de trabalho, em função da exposição aos agentes biológicos. A vestimenta adequada deve ser disponibilizada pelo empregador, além de garantir a conservação e higienização dos materiais e instrumentos de trabalho. A capacitação deve ser assegurada pelo empregador, sempre que ocorram mudanças nas condições e exposição aos riscos, sendo realizada durante a jornada de trabalho. Conforme a situação, orientações por escrito devem ser fornecidas aos trabalhadores.

NR 33 - Segurança e saúde nos trabalhos em espaços confinados: Conforme a Norma Regulamentadora nº 33 (Portaria MTE n.º 202, de 22 de dezembro de 2006, publicada no D.O.U. em 27/12/2006 e atualizada pela Portaria MTE n. 1409 de 29 de agosto de 2013, com publicação no D.O.U. em 31/08/2012), o Espaço Confinado refere-se a um espaço com dimensões e aberturas limitadas para a entrada e saída de ar, não sendo projetado para a ocupação humana contínua e possui meios limitados de acesso e evacuação. A NR 33 estabelece os requisitos mínimos para identificação e garantia permanente da saúde e segurança dos trabalhadores nessa situação. Conforme a NR 33, o espaço confinado é definido: "Espaço Confinado é qualquer área ou ambiente não projetado para ocupação humana contínua, que possua meios limitados de entrada e saída, cuja ventilação existente é insuficiente para remover contaminantes ou onde possa existir a deficiência ou enriquecimento de oxigênio" (Ministério do Trabalho e Emprego, 2006).

O espaço confinado está inserido em diferentes contextos, como as indústrias de alimento, gráfica, química, metalúrgica, siderúrgica, borracha, têxtil, couro, operações marítimas, construção civil serviços de água e esgoto. Com isso, a Norma Regulamentadora 33 prevê o monitoramento, avaliação e controle de risco dos trabalhadores que interagem nestes contextos (Ministério do Trabalho e Emprego, 2012).

Cabe ao empregador identificar no seu estabelecimento os espaços confinados e seus riscos, implementar normas de segurança, garantir que o trabalho em espaço confinado seja realizado somente após a emissão por escrito da Permissão de Entrada e Trabalho, conforme anexo II da NR e, no caso, de suspeita de risco grave e iminente, o trabalho deve ser interrompido e o local evacuado imediatamente. Aos trabalhadores compete o uso dos EPIs adequados, cumprir orientações e procedimentos de segurança, comunicar as situações de risco aos responsáveis.

Medidas administrativas também devem ser tomadas, como: manter cadastro atualizado dos espaços confinados, manter medidas de sinalização e isolamento da área, adotar um procedimento para essa atividade e a Permissão de Entrada e Trabalho, controlar e rastrear as Permissões, que são válidas para cada entrada, estabelecer procedimentos para Supervisão no trabalho em espaço confinado. Não é permitida a realização dessa atividade de forma individual.

Os trabalhadores que realizam atividades em espaço confinado devem ser submetidos a exames médicos, seguindo orientações das NRs 07 e 31, incluindo os riscos psicossociais e com emissão do Atestado de Saúde Ocupacional (ASO). Os trabalhadores devem ser devidamente capacitados para exercer a atividade na situação do espaço confinado. O empregador deve elaborar e descrever as medidas de salvamento e primeiros socorros e realizar exercícios de simulação anual das medidas de segurança que contemple todos os possíveis cenários de acidentes. A equipe responsável pelas medidas de salvamento deve possuir aptidão física e mental compatível com a atividade.

NR 34 - Condições e meio ambiente de trabalho na indústria da construção, reparação e desmonte naval: A Norma Regulamentadora nº 34 (portaria SIT n.º 200, de 20 de janeiro de 2011, publicada no D.O.U. em 21/01/2011 e atualizada pela portaria MTb n.º 790, de 09 de junho de 2017, publicada no D.O.U. em 13/06/2017), dispõe sobre as diretrizes mínimas de proteção, segurança e saúde nas atividades da indústria de construção, reparação e desmonte naval, que inclui atividades em locais desenvolvidos para essa atividade ou nas próprias embarcações e estruturas.

É dever de o empregador destinar um responsável para implementação desta NR, a fim de garantir e adotar medidas de segurança necessárias, interromper o trabalho quando houver risco à integridade física e psíquica dos trabalhadores, além de realizar a Análise Preliminar de Risco (APR), emitir a Permissão de Trabalho (PT) e realizar o Diálogo Diário de Segurança (DDS) que contemple informações sobre as atividades a serem desempenhadas no dia e sobre os riscos.

O trabalhador deve comprovar sua qualificação específica para exercer determinada atividade, além de registro no órgão de classe. O empregador deve também fornecer capacitação quando houver mudança ou atualização de procedimentos e acidentes graves. O treinamento admissional deve ser de seis horas e os periódicos realizados anualmente ou no retorno ao trabalho, de quatro horas. Os treinamentos devem abranger conteúdos sobre condições de trabalho, riscos da atividade, equipamentos de proteção coletiva (EPC) e equipamentos de proteção individual (EPI) e os treinamentos devem ser realizados durante o horário de trabalho.

Na Permissão de Trabalho (PT) deve conter informações sobre medidas para exercer o trabalho em segurança e medidas de resgate e emergência. A PT é emitida em três vias, assinada pelos integrantes da equipe de trabalho, chefia imediata ou responsável pelo cumprimento desta NR e ter validade limitada para a realização da atividade. A Análise Preliminar de Risco (APR) deve ser realizada antes do início das atividades para identificar possíveis riscos potenciais. Dentro destes aspectos o objetivo desta NR é estabelecer requisitos mínimos e medidas de proteção à segurança, saúde e meio ambiente de trabalho nas atividades de indústria de construção, reparação e desmonte naval (Ministério do Trabalho e Emprego, 2016).

NR 35 - Trabalho em altura: A NR 35 (portaria SIT n. 313 de 23.03.2012, publicada no D.O.U. em 27.07.2012 e com última atualização pela Portaria MTb n.º 1.113, de 21 de setembro de 2016, publicada no D.O.U. em 22/09/16), considera trabalho em altura toda a atividade realizada acima de dois metros do nível inferior, no qual haja risco de queda. Esta norma estabelece os requisitos mínimos e as medidas de proteção para o trabalho em altura, envolvendo o planejamento, a organização e a execução, de forma a garantir a segurança e a saúde dos trabalhadores envolvidos. Esta Norma Regulamentadora NR 35 contém: Manual Consolidado (atualizado em 04/04/2018). Estabelece segurança em atividades de trabalho em altura.

Cabe ao empregador garantir as medidas de proteção e segurança nas situações de trabalho em altura, analisar os riscos e emitir as Permissões de Trabalho (PT) quando necessário, desenvolver e aplicar procedimento operacional padrão, iniciar o trabalho em altura após adotar as medidas de segurança, suspender o trabalho no caso de risco e garantir a supervisão de toda a atividade em altura. Ao trabalhador compete cumprir as orientações desta NR, interromper e exercer seu direito de recusa sempre que perceber alguma situação de riscos graves e iminentes.

O empregador deve capacitar os trabalhadores para exercerem atividades em altura. O trabalhador estará capacitado se submetido e aprovado em treinamento teórico e prático, com um mínimo de oito horas e conteúdo que contemple: análise de riscos, condições impeditivas, equipamentos de proteção coletiva e individual, noções para situações de emergência, resgate e primeiros socorros. Ao empregador compete também avaliar o estado de saúde do trabalhador autorizado para exercer o trabalho em altura, incluindo os exames voltados para as patologias que podem causar mal súbito e queda de altura, considerando também os fatores psicossociais. Deve constar no Atestado de Saúde Ocupacional (ASO) a aptidão para a realização do trabalho em altura.

Para a realização do trabalho em altura, deve-se primeiro identificar se existem outras formas de realizar a atividade, identificar medidas que eliminem os riscos na execução do trabalho e medidas que minimizem as consequências de possíveis quedas, no caso de não ser possível evitar esse risco. Dentro deste contexto, o trabalho em altura é considerado atividades exercidas acima de dois metros, onde haja risco de queda. Visa estabelecer os requisitos mínimos e medidas de proteção para trabalhos em altura, envolvendo o planejamento, organização e execução, garantindo a segurança dos trabalhadores envolvidos de forma direta ou indireta nesta atividade. O empregador deve promover programa de capacitação para os trabalhadores, assim como, treinamento periódico a cada dois anos e supervisão das atividades dentro da empresa. Além disso, deve ser avaliado o estado de saúde do trabalhador (Ministério do Trabalho e Emprego, 2014).

NR 36 - Segurança e saúde no trabalho em empresas de abate e processamento de carnes e derivados: A Norma Regulamentadora nº 36 (Portaria MTE n.º 555, de 18 de abril de 2013, publicada no D.O.U. em 19/04/2013 e atualizada pela Portaria MTb n.º 99, de 08 de fevereiro de 2018, publicada no D.O.U. em 09/02/2018), dispõe sobre as diretrizes mínimas de avaliação, controle e monitoramento dos riscos nas atividades de abate e processamento de carnes e derivados, para consumo humano. Esta Norma regulamentadora NR 36 contém o Manual de auxílio na interpretação e aplicação da NR 36: segurança e saúde no trabalho em empresas de abate e processamento de carnes e derivados (atualizado em 25/06/2018).

Com relação ao mobiliário e postos de trabalho, a NR orienta que, preferencialmente, o trabalho seja realizado alternando a posição sentada e em pé, com mobiliário adequado para cada situação. As câmaras frias devem possuir dispositivo interno para sua fácil abertura e meio de comunicação com o externo para o caso de emergência. Em caso de necessidade em usar as plataformas, escadas fixas ou passarelas, as orientações estão descrias na NR 12. O manuseio de produtos ou animais não devem exigir força física e o empregador deve adotar meios para evitar o esforço em excesso. O carregamento manual de caixas também deve ser evitado, devendo ser realizado preferencialmente com transporte mecânico.

Cabe ao empregador gerenciar os riscos em Saúde e Segurança no Trabalho (SST), integrando ações de prevenção, treinamento e capacitação dos trabalhadores. O Programa de Prevenção de Riscos Ambientais (PPRA) e o Programa de Controle Médico de Saúde Ocupacional (PCMSO) devem seguir as orientações da NR 07 e estar alinhados. A análise ergonômica é realizada para verificar a adaptação da atividade às características psicofisiológicas dos trabalhadores, a fim de realizar as adequações necessárias. Por características psicofisiológicas essa NR entende as características particulares de uma pessoa, incluindo, no mínimo, o conhecimento antropológico, psicológico, fisiológico relativo ao ser humano.

Os trabalhadores devem estar treinados quanto aos métodos e procedimentos de trabalho, uso correto de EPIs, riscos da atividade e ações de emergências e os supervisores devem estar treinados quanto aos riscos do trabalho, possíveis consequências e meios de comunicação existentes nas situações. Na admissão do trabalhador deve ser realizado o treinamento com carga horária de quatro horas e o treinamento periódico anual de duas horas.

NR 37 - Segurança e saúde em plataformas de petróleo: A Norma Regulamentadora nº 37 (Portaria MTb n.º 1.186, de 20 de dezembro de 2018, publicada no D.O.U. em 21/12/2018 e atualizada pela Portaria SEPRT n.º 1.412, de 17 de dezembro de 2019, publicada no D.O.U. em 18/12/2019) tem como objetivo estabelecer os requisitos mínimos de segurança, saúde e condições de vivência no trabalho a bordo de plataformas de petróleo em operação nas Águas Jurisdicionais Brasileiras - AJB. Esta norma destaca sobre a atenção à saúde na plataforma a partir da elaboração do Programa de Controle Médico de Saúde Ocupacional – PCMSO que prevê sobre as medidas de proteção, promoção, recuperação e prevenção de agravos à saúde.

Destaca-se a importância de realizar exames, vacinações, serviços gratuitos de assistência à saúde a bordo e em terra, bem como, o desembarque e remoção do trabalhador para unidade de saúde em terra. Deve fornecer programas de educação em saúde, incluindo a nutrição e alimentação e medidas para reduzir fatores de riscos psicossociais através de programas de promoção e prevenção de saúde, como também, precaver constrangimento acerca de temas decorrentes de agressão, assédio moral, assédio sexual, dentre outros. Nos casos de acidentes e adoecimentos ocupacionais ocorridos a bordo, seja com trabalhadores próprios ou terceirizados, deve haver acompanhamento de médicos coordenadores dos PCMSO da operadora da instalação e das empresas prestadoras de serviços.

NR 38 - Segurança e saúde no trabalho nas atividades de limpeza urbana e manejo de resíduos sólidos (Portaria MTP n.º 4.101, 16 de dezembro de 2022, com vigência após 02 de janeiro de 2024, publicada no D.O.U. em 19/12/2022). Esta Norma Regulamentadora - NR tem como finalidade estabelecer os requisitos e as medidas de prevenção para garantir as condições de segurança e saúde dos trabalhadores nas atividades de limpeza urbana e manejo de resíduos sólidos. Esta NR aplica-se às atividades de limpeza urbana e manejo de resíduos sólidos e em relação aos resíduos de serviços de saúde, devem ser atendidos, além do disposto nesta NR, a regulamentação aplicável ao tema. Consulte porque há vários dispositivos são explicitados nesta NR.

Nova NR 01: Atualizações e Inovação no Gerenciamento de Riscos Ocupacionais

A Norma Regulamentadora nº 01 (NR 01), que rege as disposições gerais e o gerenciamento de riscos ocupacionais, passará por mudanças significativas a partir de **maio de 2025**. As atualizações, publicadas na **Portaria MTE nº 1.419/2024**, refletem uma abordagem moderna e abrangente da segurança e saúde no trabalho, incluindo o reconhecimento de **riscos psicossociais** no ambiente laboral (Brasil, 2024).

Uma das inovações mais marcantes é a inclusão formal de **riscos psicossociais**, como **assédio moral, assédio sexual, sobrecarga de trabalho** e outros fatores que podem comprometer a saúde mental dos trabalhadores. Essa mudança destaca a importância do bem-estar psicológico como parte integrante das condições de trabalho saudáveis e seguras (Brasil, 2024).

Outro ponto essencial da nova norma é o fortalecimento do **Gerenciamento de Riscos Ocupacionais (GRO)**, que exige das empresas uma abordagem proativa na identificação, avaliação e controle de riscos. O **Programa de Gerenciamento de Riscos (PGR)** continua como elemento central, mas agora inclui ferramentas específicas para abordar os novos tipos de riscos, incluindo fatores organizacionais e psicossociais.

A gestão documental também sofreu ajustes significativos. As empresas deverão manter registros claros e organizados sobre as medidas preventivas adotadas, incluindo relatórios atualizados sobre os riscos psicossociais identificados e as ações para mitigá-los. Essa exigência reforça a necessidade de auditorias e fiscalizações mais criteriosas, incentivando maior transparência (Brasil, 2024).

Além disso, a nova NR 01 enfatiza a necessidade de **treinamentos contínuos e capacitações específicas** para os trabalhadores, garantindo que eles compreendam os riscos a que estão expostos e saibam como preveni-los. Esse processo de conscientização e engajamento é um dos pilares para a construção de uma cultura organizacional focada em saúde e segurança.

Por fim, a norma consolida a importância de uma abordagem integrada à saúde ocupacional, reconhecendo que a **prevenção de acidentes e doenças** depende da colaboração entre empregadores, trabalhadores e órgãos fiscalizadores.

A nova versão da NR 01 representa um avanço significativo na legislação trabalhista brasileira, incorporando elementos modernos e alinhados às demandas contemporâneas do mercado de trabalho. Empresas devem se preparar desde já, adaptando suas políticas internas e estruturando suas equipes para atender aos novos requisitos.

O foco é a **prevenção e o gerenciamento contínuo de riscos psicossociais** relacionados ao ambiente de trabalho. Devem ser avaliados na avaliação psicológica psicossocial:

SAÚDE PSICOLÓGICA GERAL	
Sintomas de estresse, ansiedade ou depressão	Identificar se o colaborador apresenta sinais que possam comprometer seu desempenho ou segurança
Satisfação no trabalho	Avaliar o nível de motivação e bem-estar no ambiente laboral.
Sinais de burnout	Detectar esgotamento emocional causado por sobrecarga de trabalho ou ambiente estressante.
RISCOS PSICOSSOCIAIS NO AMBIENTE DE TRABALHO	
Condições de trabalho	Avaliar a percepção do colaborador sobre segurança, ergonomia e suporte organizacional.
Demandas psicológicas	Identificar situações de sobrecarga cognitiva ou emocional.
Conflitos interpessoais	Avaliar problemas de relacionamento com colegas ou líderes.
CAPACIDADE DE GERENCIAR RISCOS	
Prontidão emocional	Verificar se o colaborador consegue lidar com riscos inerentes ao trabalho (ex.: situações de emergência).
Autocontrole	Avaliar como o funcionário reage diante de adversidades.
Resiliência frente a mudanças	Identificar a capacidade de se adaptar a novas exigências do ambiente organizacional.

Fonte: Elaborado pelas autoras.

Quadro – Condições de trabalho sujeitos a riscos psicossociais

Contexto de trabalho cultura organizacional e função	Condições risco
	• Falta de definição ou concordância com objetivos organizacionais • Problemas de comunicação • Baixos níveis de apoio para resolução de problemas e desenvolvimento pessoal
Papel da organização	• Ambiguidade e conflito de papel • Insuficiência de papel • Responsabilidade por pessoas
Desenvolvimento de carreira	• Estagnação de carreira e incertezas • Sub ou superpromoção • Pagamento insuficiente • Insegurança no trabalho • Baixo valor social do trabalho
Leitura de decisão/ controle	• Baixa participação na tomada de decisão • Ausência de controle sobre ritmo e a carga de trabalho, etc.
Relacionamentos interpessoais no trabalho	• Conflitos interpessoais • Isolamento físico ou social • Mau relacionamento com colegas superiores • Falta de apoio social
Interface trabalho-casa	• Demandas conflitantes no trabalho e em casa • Baixo apoio em casa • Problemas de dupla carreira
Diversos	• Comunicação ineficaz, falta de apoio da parte de chefias e colegas • Exigências contraditórias e falta de clareza na definição das funções • Cargas de trabalho excessivas • Falta de participação na tomada de decisões que afetam o trabalhador e falta de controle sobre a forma como executa o trabalho • Má gestão de mudanças organizacionais, insegurança laboral • Assédio psicológico ou sexual e violência de terceiros

Fonte: Adaptado de Glina e Rocha (2010, p.18)

A manutenção das condições adequadas de trabalho em relação aos fatores humanos quando encontram-se em equilíbrio, faz com que ocorram o aumento da satisfação no trabalho, da confiança, da saúde emocional e consequentemente melhora da saúde geral. Os efeitos podem acontecer de formas diversas, iniciando pela insatisfação no trabalho, assim como efeitos psicológicos que merecem atenção como:

Partindo destas consequências de efeitos psicológicos, aspectos e consequências psicofisiológicas, alterações comportamentais são chamados frequentemente de estresse do trabalhador.

Riscos psicossociais e seus efeitos emocionais, cognitivos e comportamentais

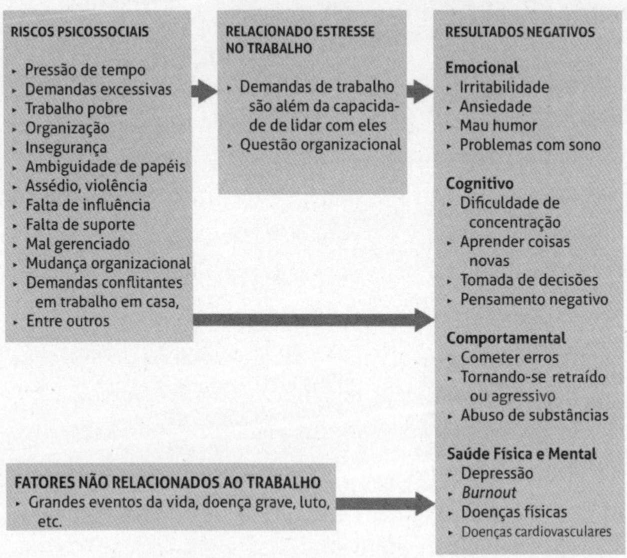

Fonte: http://www.healthy-workplaces.eu/

Implicações psicofisiológicas

A experiência mostra a existência de relações entre os fatores psicossociais com desordens funcionais e físicas, assim como dificuldades psicológicas extremas. Quando o estresse aumenta, consequentemente e as condições psicológicas prejudicadas se instalam, podem desencadear um ou outro transtorno psicológico. No entanto, este desencadear da sintomatologia, depende da sensibilidade particular de cada pessoa, que frequèntemente costuma aparecer em pessoas mais predispostas a estas alterações.

Os transtornos podem ser apresentar de forma física, os principais são dos tipos: dermatológicos (alergias, psoríase), musculoesqueléticos (contraturas e dor de costas), cardiovascular (infartos, hipertensão), gastrointestinais (úlcera péptica, síndrome do cólon irritável, dispepsia, doença de Crohn, colite ulcerosa etc.), respiratório (asma brônquica), endocrinológicos, transtornos de base imunitária (artrite reumatoide), transtornos na saúde mental.

O termo "psicofisiológicas" é evidenciado já na Norma Regulamentadora n.º 07, quando instituído o Programa de Controle Médico de Saúde Ocupacional (PCMSO), expedida através de Nota Técnica de 1º de outubro de 1996, e publicada no Diário Oficial da União (DOU), de 04-10-1996. Estabelece em seus tópicos:

> 7.1.1 Esta Norma Regulamentadora – NR estabelece a obrigatoriedade da elaboração e implementação, por parte de todos os empregadores e instituições que admitam trabalhadores como empregados, do Programa de Controle Médico de Saúde Ocupacional – PCMSO, com o objetivo de promoção e preservação da saúde do conjunto dos seus trabalhadores.
>
> 7.2.3 O PCMSO deverá ter caráter de prevenção, rastreamento e diagnóstico precoce dos agravos à saúde relacionados ao trabalho, inclusive de natureza subclínica, além da constatação da existência de casos de doenças profissionais ou danos irreversíveis à saúde dos trabalhadores.
>
> 7.2.4 O PCMSO deverá ser planejado e implantado com base nos riscos à saúde dos trabalhadores, especialmente os identificados nas avaliações previstas nas demais NR.

Assim, a NR 07 expõe que o nível de complexidade do programa depende basicamente dos riscos existentes em cada instituição, assim como das exigências físicas e psíquicas das atividades desenvolvidas, e também das características **biopsicofisiológicas** de cada trabalhador. Desta forma, desde sua implementação através desta NR, que a empresa precisa implementar proporcionar ao trabalhador formas preventivas, promoção e preservação da saúde dos colaboradores. No entanto, tem se observado que a maioria das empresas não atendem completamente a esta norma, sendo esta uma fonte de justificativa do Tribunal Regional do Trabalho (TRT), para lançarem multas as empresas que não aderem a estas normativas. Não esquecendo que também é exigido no Ministério de Trabalho.

Implicações psicológicas

A permanência de fatores nocivos psicossociais por um longo período de tempo pode desencadear redução das defesas psíquicas e/ ou psicológicas do trabalhador. Diante desta diminuição, ressalta-se o surgimento de transtornos emocionais tais como:

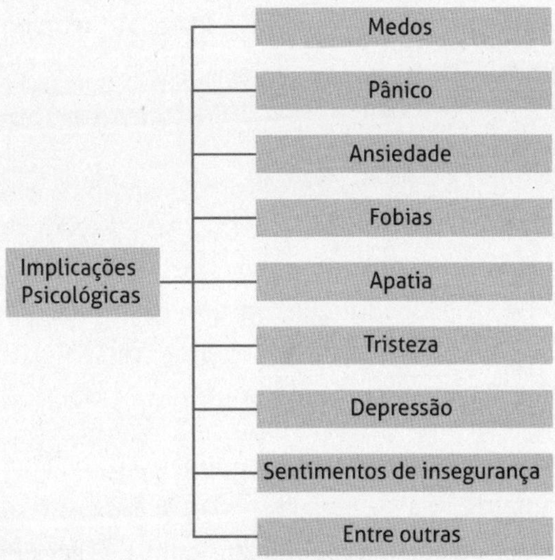

Além destas implicações, poder mostrar alterações mais intensas de saúde emocional, frequentemente são acompanhadas de alterações nas funções cognitivas:

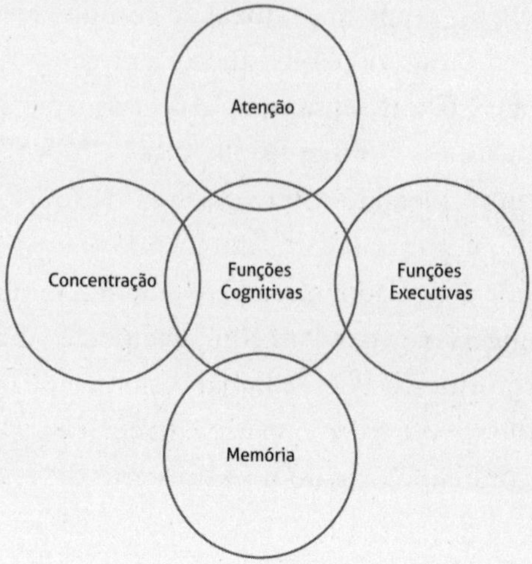

As alterações nas funções cognitivas, especialmente na Atenção, Concentração, Funções Executivas e Memória podem trazer sérias consequências para a saúde do trabalhador, como riscos de acidentes ou incidentes, que causam prejuízos tanto para o trabalhador quando para a empresa. Desta forma, a manutenção de fatores psicossociais protetores, proporcionam qualidade de vida para o trabalhador e consequentemente, a melhora da qualidade e vida e produtividade aumentada no trabalho.

Reações comportamentais

A forma como o trabalhador se sente, suas reações comportamentais interferem significativamente na vida profissional e social, na vida pessoal e família do trabalhador que refletem na eficácia da sua atividade profissional. Os transtornos do comportamento são classificados pela Organização Internacional do Trabalho (OIT) como:

- *Comportamentos ativos*: enfrentamentos com chefes e superiores hierárquicos, atrasos, greves, reclamações entre outros.
- *Comportamentos passivos:* absentismo, indiferença pela qualidade do trabalho, resignação, não ter vontade de estar com outras pessoas, falta de participação, dificuldade para dormir, sentir-se agoniado, infeliz, abusar e comer em excesso, adições de tabaco e álcool. (Isastur, 2010)

Incidentes e acidentes de trabalho

Todas as condições desfavoráveis psicossociais podem suscitar distrações nas atividades, redução da atenção e concentração e podem ocasionar em incidentes ou acidentes de trabalho.

Quadro – Dimensões de fatores de risco psicossocial

Dimensões dos Fatores de risco	Tipo de Fatores de risco
Ritmos e tempos de trabalho (Estresse)	• Intensificação dos ritmos de trabalho • Sobrecarga de responsabilidades e/ou de trabalho • Trabalho por turnos • Envelhecimento da força laboral • Aumento dos horários de trabalho
Trabalho emocional	• Elevadas exigências afetivas e envolvimento emocional
Saúde geral das/os trabalhadoras/es	• Problemas de saúde não decorrentes do trabalho • Consumo de substâncias psicoativas (álcool, drogas, etc.)
Relações sociais de trabalho	• Nível baixo ou elevado de conflito • Práticas de assédio moral • Práticas de assédio sexual • Práticas de bullying
Relações laborais	• Aumento da vulnerabilidade do mundo de trabalho num contexto globalização: crises econômicas, instabilidade do mercado de trabalho, liberalização da legislação laboral etc. • Relações laborais precárias: trabalho temporário, trabalho informal involuntário, prestação de serviços continuada, desclassificação profissional • Sentimento de insegurança e desvalorização no emprego: falta de perspectivas de emprego, carreira e desenvolvimento profissional
Conciliação entre esferas de vida	• Dificuldades de conciliação entre vida profissional, pessoal e familiar • Desrespeito das exigências da maternidade, paternidade e cuidado de pessoas dependentes

Dimensões dos Fatores de risco	Tipo de Fatores de risco
Conteúdo e organização do trabalho	• Pouca autonomia e controlo das atividades • Falta ou inadequação de equipamentos e recursos de trabalho • Reduzidas exigências intelectuais (subutilização de competências) • Impossibilidade de participação nos processos de tomada de decisão operacionais • Trabalho repetitivo/monótono e trabalho estático • Condições ambientais de trabalho (ruído, vibrações, radiações, fraca iluminação, etc.)
Participação das/os trabalhadoras/es	• Inexistência de mecanismos de consulta e participação • Inexistência de estruturas de representação das/os trabalhadoras/es • Fraca cultura negocial • Estrutura de comunicação organizacional deficitária
Igualdade no trabalho e emprego	• Discriminação no acesso a oportunidades, no tratamento e na retribuição (recrutamento, progressão na carreira, gap salarial)
Liderança e Avaliação de Desempenho	• Liderança agressiva • Falta de apoio e solidariedade • Ambiguidade na definição de objetivos e funções • Inexistência de sistema de avaliação de desempenho • Instrumentalização de objetivos de desempenho

Fonte: Adaptado de Neto (2014)

Principais riscos psicossociais no trabalho

Existe uma enorme variedade de quantidade de riscos que podem ser identificados, assim como diferentes formas de classificar e definir os riscos psicossociais no trabalho. Os principais fatores de riscos ligados a organização e ao ambiente de trabalho, de forma sintética são considerados:

- Organização temporal (trabalho em turnos e noturno, jornadas e períodos de lazer e descanso);
- Relacionamentos interpessoais (com lideranças e pares – apoio e suporte, competitividade, estilo de liderança, estilos de personalidades);

- Cargas físicas do trabalho, conteúdo do trabalho (volume, repetitividade, controle, prazos, complexidade);
- Possibilidades de carreira e valorização (remuneração, benefícios, reconhecimento, possibilidade promoções, cursos e treinamentos, instabilidade no emprego);
- Papel do indivíduo na instituição (responsabilidades, conflito e indefinição de papéis);
- Estrutura e cultura organizacional (autonomia, participação na tomada de decisão, respeito, equidade, valores e objetivos institucionais, hierarquia).

Além destes, os fatores extras organizacionais, ainda devem ser considerados como importantes (Barbosa & Martinez, 2018):

- Condição de saúde e hábitos de saúde;
- Características de personalidade;
- Qualificação e experiência;
- Aspectos culturais e sociais;
- Estrutura familiar;
- Aspectos individuais, como características demográficas (idade, sexo, etnia).

Riscos psicossociais e estresse

Um dos principais riscos psicossociais derivam de deficiências na organização e gestão do trabalho, também de um contexto social de trabalho difícil, o que pode ocasionar efeitos negativos nas esferas psíquicas, físicas e sociais. Como exemplo, cita-se o estresse relacionado com o trabalho, a depressão ou esgotamento global. Estas condições de trabalho relacionadas a riscos psicossociais são assim descritas (Osha, 2018):

- Exigências da gestão contraditórias e falta de clareza na definição das funções;
- Excessivas cargas de trabalho;
- Falta de participação na tomada de decisões que afetam o trabalhador;

- Dificuldades no controle sobre a forma como executa o trabalho;
- Gestão de mudanças organizacionais inadequadas;
- Insegurança laboral;
- Comunicação ineficaz;
- Falta de apoio da parte da gestão e colegas de trabalho;
- Assédio psicológico ou sexual, violência de terceiros.

Os riscos psicossociais, como a carga excessiva de trabalho não deve ser confundido com a condição do ambiente de trabalho, que pode ser tanto desafiante quanto estimulante, onde os colaboradores estão motivados e estão bem preparados. Sendo assim, um ambiente positivo reflete no adequado desempenho, desenvolvimento pessoal, bem-estar físico e mental dos trabalhadores e consequentemente, melhores condições psicossociais.

"Nos últimos anos, mudanças significativas ocorreram no mundo do trabalho. Essas mudanças levaram à emergência de novos riscos ocupacionais para o trabalhador, como é o exemplo dos riscos psicossociais relacionados com o trabalho. A exposição a estes riscos tem consequências nefastas para a saúde dos trabalhadores, quer a nível fisiológico, mental e ou psicológico. Os riscos psicossociais relacionados com o trabalho têm sido identificados como um dos grandes desafios contemporâneos para a saúde e segurança dos trabalhadores e estão ligados a problemas nos locais de trabalho, como o stress do trabalho, violência, assédio e intimidação no trabalho. Os fatores de risco psicossocial são complexos e difíceis de entender, pois representam as percepções e experiências do trabalhador, algumas dessas percepções referem-se à pessoa, outras prende-se com as condições ou ambiente de trabalho, contudo, as consequências principais têm a ver com as consequências organizacionais e individuais. A prevenção dos fatores de risco psicossociais no trabalho obriga a um envolvimento ativo e dinâmico da organização e dos trabalhadores." (Chagas, 2015, p. 1)

A interação das duas dimensões, controle e dimensão, podem criar quatro experiências psicológicas no trabalho, que são denominadas de quadrantes, quais sejam:

Quadro – Experiências psicológicas no trabalho

Alta exigência: ocorre quando há alta demanda psicológica e controle reduzido, neste quadrante há maior exposição de riscos à saúde mental física, deste modo é considerado o mais prejudicial à saúde do trabalhador.
Trabalho ativo: considerado quando à alta demanda (mas não excessiva) e alto controle. Mostra maior probabilidade de saúde psíquica, já que apesar das exigências de o trabalho serem elevadas, há um alto controle sobre as atividades, permitindo maior aprendizagem e crescimento do trabalhador, e, por conseguinte, maior produtividade.
Baixa exigência: acontece quando a demanda é baixa e o controle é elevado, desta forma o ritmo de trabalho é impresso pelo próprio trabalhador.
Trabalho passivo: mostra baixa demanda e baixo controle e pode ocorrer problemas à saúde à medida em que produz um contexto de trabalho pouco motivador, pois apresenta declínio da aprendizagem e perda progressiva das habilidades adquiridas anteriormente.

Alta exigência: ocorre quando há alta demanda psicológica e controle reduzido, neste quadrante há maior exposição de riscos à saúde mental física, deste modo é considerado o mais prejudicial à saúde do trabalhador.
Trabalho ativo: considerado quando à alta demanda (mas não excessiva) e alto controle. Mostra maior probabilidade de saúde psíquica, já que apesar das exigências de o trabalho serem elevadas, há um alto controle sobre as atividades, permitindo maior aprendizagem e crescimento do trabalhador, e, por conseguinte, maior produtividade.
Baixa exigência: acontece quando a demanda é baixa e o controle é elevado, desta forma o ritmo de trabalho é impresso pelo próprio trabalhador.
Trabalho passivo: mostra baixa demanda e baixo controle e pode ocorrer problemas à saúde à medida em que produz um contexto de trabalho pouco motivador, pois apresenta declínio da aprendizagem e perda progressiva das habilidades adquiridas anteriormente.

Fonte: Adaptado de Karasek (1998) e Jacinto e Tolfo (2017)

Riscos psicossociais relacionados com a atividade

Significado e conteúdo do trabalho: o trabalhador sente que a atividade que foi desenvolvida não demonstra ser útil para sociedade em geral, como também, não possibilita aplicar e desenvolver seus conhecimentos e capacidades.

Carga de trabalho: refere-se com as exigências do trabalho extrapolam a capacidade do trabalhador para responder às mesmas (sobrecarga), ou, ao contrário, a realização das tarefas mostra reduzidas exigências ao trabalhador (infra carga).

Autonomia: está relacionado com a falta de autonomia (exemplo: impossibilidade de controlar a duração e distribuição das pausas, impossibilidade de ter influência na ordem de execução das tarefas, etc.), o que diminui o envolvimento do trabalhador na empresa, além de afetar sua motivação e, consequentemente gera insatisfação e redução do seu rendimento nas atividades.

Grau de automatização: ocorre na maioria dos processos automatizados. O equipamento torna-se dependente da ordem e desenvolvimento de trabalho e limita a atuação do trabalhador em tarefas rotineiras e repetitivas. Ainda, sugere reduzir a comunicação do mesmo com os colegas e empobrecer as relações pessoais, podendo ocorrer o risco de isolamento.

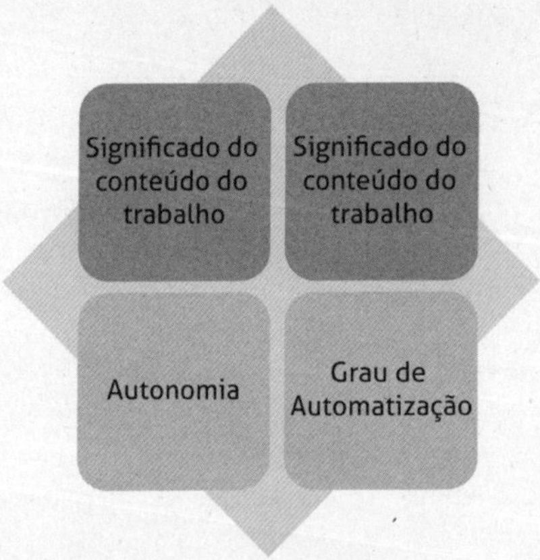

(Fonte: https://www.ilo.org; http://ilocis.org/documents/chpt34e.htm; Neto, 2015)

Riscos psicossociais pertinentes com a estrutura da organização

Estrutura da hierarquia: tem a ver com o conhecimento da estrutura da empresa e o lugar que cada um ocupa na mesma. Estes aspectos têm influência sobre o desenvolvimento, tanto dos trabalhadores como da própria empresa.

Definição da tarefa: relaciona-se com a imprecisão na forma de realizar as atividades que estão ligada a determinada categoria de trabalho e pode colocar o trabalhador em uma situação de indecisão ou contraditoriedade, ocasionando estresse.

Canais de comunicação e informação: diz respeito a informação que o trabalhador precisa conhecer, que serve tanto para desempenhar adequadamente o seu trabalho, também como para trabalhar sem riscos para a sua saúde e segurança. Toda informação deve ser transmitida de forma simples e clara, e chegar para todos trabalhadores.

Desenvolvimento profissional: quando ocorre a ausência de possibilidades de promoção, pode ocasionar a perda de interesse por aquilo que não se refere com a rotina diária. Em contrapartida, uma formação inadequada para o desempenho das atividades estabelece fontes de estresse para os trabalhadores.

Relações entre departamentos e trabalhadores: o aumento da produtividade e melhoria no ambiente de trabalho reflete a partir das relações adequadas que são estabelecidas entre os setores da empresa.

Sistema de recompensas ou compensações: é considerada a situação de maior risco para saúde, em longo prazo, a interação entre elevado esforço e a baixa recompensa recebida pelo trabalhador (falta de respeito e reconhecimento, instabilidade profissional, falta de perspectivas de promoção, etc.).

(Fonte: https://www.ilo.org; http://ilocis.org/documents/chpt34e.htm;Neto,2015)

Riscos psicossociais relacionados com a organização do tempo de trabalho

Descansos e pausas: as empresas no período de trabalho devem proporcionar a realização de intervalos para descanso, de modo que o trabalhador não preste mais horas de trabalho consecutivos (de acordo com as leis trabalhistas. A distribuição dos intervalos está relacionada com o tipo de atividade realizada, horários e a flexibilidade dos mesmos.

Duração e distribuição do horário de trabalho: refere-se a carga horária excessiva e constante que reflete na dificuldade em recuperar a capacidade física e mental do organismo.

Horário por turnos: a redução da atividade mental e capacidade de atenção com o sistema nervoso e fadiga, e a alteração do sono, pode refletir no âmbito social e familiar a partir das mudanças de horário no trabalho.

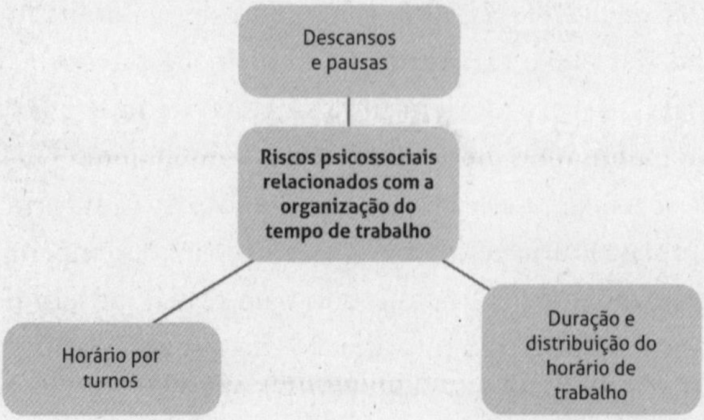

Demais Fatores Psicossociais

Atividade: a insatisfação pode ocorrer quando a atividade da empresa gerar conflito de função, ou seja, o trabalhar realizar uma atividade que não está de acordo e entrar em conflito com seus valores e interesses.

Imagem social: estabelece a identificação que o trabalhador possui com a empresa e influencia no seu rendimento e satisfação no ambiente de trabalho.

Contexto físico perigoso: refere-se à atividade perigosa que pode desencadear ansiedade e sentimento ameaçador ao trabalhador e serve como importante referência de informação e formação sobre os riscos e medidas que devem ser evitadas.

Localização: relaciona-se com a distância e deslocamento do trabalhador da sua residência até o local de trabalho e locais de lazer e a influência direta na qualidade de vida dos trabalhadores.

Futuro inseguro no emprego: está relacionado com a incerteza do futuro quanto ao trabalho e pode gerar sentimento de insatisfação, estresse e ameaça.

Prevenção de Riscos Psicossociais

Ressalta-se a importância das organizações em oportunizar melhorias no ambiente de trabalho a grau psicossocial e proporcionar o bem-estar dos trabalhadores. O objetivo baseia-se em avaliar os riscos psicossociais nos locais de trabalho, desenvolver melhoria de qualidade, além de investir em seus colaboradores a fim de elevar a capacidade do quadro funcional da empresa e gerar maior produtividade e lucratividade.

Aspectos Éticos e Resoluções do Conselho Federal de Psicologia (CFP)

4

Regina Maria Fernandes Lopes
Carolina Martins Carminatti

O Código de Ética Profissional do Psicólogo, aprovado em agosto de 2005 pela Resolução CFP nº 010/05, ou outra edição do Código que venha a substituir, caracteriza-se por nortear as práticas dos profissionais da Psicologia, garantindo segurança ao exercício da profissão e respeito aos sujeitos envolvidos. Os princípios fundamentais que embasam a atuação dos psicólogos, estão pautados pelos valores expressos na Declaração dos Direitos Humanos, buscando propiciar dignidade, saúde e qualidade de vida aos indivíduos. Ademais, eles asseguram o contínuo aprimoramento profissional da Psicologia como ciência.

Ainda de acordo com este Código de Ética, em sua prática, o psicólogo não deve ser conivente com violações ao mesmo; com exercício ilegal da profissão; com a discriminação ou negligência aos indivíduos atendidos; com a exposição ou a comercialização de materiais exclusivos de psicólogos; e com a divulgação dos resultados dos serviços prestados, desta maneira, zelando pela guarda e pelo sigilo das informações colhidas, de forma a preservar a privacidade de todos os implicados. Torna-se imprescindível que o profissional esteja apto, teórica e tecnicamente, para exercer as atividades às quais se propõe (Resolução CFP nº 010/05).

A avaliação psicológica, definida como um processo cujo propósito envolve promover benefícios aos avaliados, considerado um procedimento muito complexo, que requer preparo adequado, uma vez que os resultados obtidos, e as decisões a serem tomadas a partir deles, afetam vidas (Hutz, 2015). Segundo a Resolução CFP n°06/2019, "um processo de avaliação psicológica se caracteriza por uma ação sistemática e delimitada no tempo, com a finalidade de diagnóstico ou não, que utiliza de fontes de informações fundamentais e complementares com o propósito de uma investigação realizada a partir de uma coleta de dados, estudo e interpretação de fenômenos e processos psicológicos (CFP, 2019, p.4)."

Esta é uma tarefa exclusiva da prática profissional do psicólogo, bem como os recursos utilizados para tal atividade (Conselho Federal de Psicologia, 2010).

Os testes psicológicos, que podem ser utilizados no processo de avaliação psicológica, são instrumentos que auxiliam na mensuração de variáveis psicológicas, não concretas, e não observáveis. A Resolução CFP n° 31/2022, de dezembro de 2022, orienta o uso de métodos e técnicas psicológicas, decorrentes do processo de avaliação psicológica, e regulamenta o Sistema de Avaliação de Testes Psicológicos (SATEPSI), que tem por objetivo analisar a qualidade ética e científica dos testes psicológicos, através da contextualização e da caracterização adequada do público atendido, das evidências de validade e fidedignidade, bem como do sistema consistente de interpretação dos resultados (CFP 31/2022; Hutz, 2015).

Conforme a Resolução CFP n° 01/2009, de março de 2009, após a prestação dos serviços psicológicos, é de caráter obrigatório o registro documental conciso, escrito ou informatizado, sobre o caso atendido, contendo as informações necessárias sobre o seu desenvolvimento, as técnicas e os métodos utilizados, o encaminhamento ou encerramento do trabalho. Os documentos originados de avaliação psicológica são privativos do psicólogo, e a guarda destes é de responsabilidade do profissional, em pasta arquivada. Em conformidade com a Resolução CFP n° 06/2019, de abril de 2019, estes documentos devem ser confeccionados a partir de linguagem clara, com coerência entre os conteúdos descritos; concisa, através do emprego correto das palavras; e harmônica, ou seja, com boa qualidade sonora entre as frases. De acordo com o código de ética, estes documentos devem ter qualidade e validade técnica, prezando pela precisão e validade dos instrumentos, não sendo permitida a alteração dos resultados e a devolução de informações incorretas (Resolução CFP n° 010/05).

O atestado e o laudo psicológico são documentos escritos que resultam do processo de avaliação psicológica, como descrito pela Resolução CFP nº 06/2019. Ainda em consonância com essa resolução, a declaração e o parecer psicológico não são emitidos a partir da avalição psicológica, apesar de serem utilizados erroneamente como tal, em algumas circunstâncias. O atestado busca informar sobre a condição ou sobre o estado psicológico de uma pessoa, sendo utilizado para justificar situações em que possam ocorrer faltas ou impedimentos da pessoa avaliada, ou para informar se indivíduo encontra-se habilitado, ou não, para exercer determinada atividade, bem como pedir dispensa ou afastamento do mesmo. O laudo psicológico, descreve sobre as condições psíquicas e seus determinantes, a partir da aplicação dos diversos instrumentos e métodos psicológicos. Apresenta os achados do momento de avaliação, e o desenvolvimento do caso, como diagnóstico, técnicas empregadas, prognóstico, e encaminhamentos para outros serviços, resumindo-se à escrita de informações que sejam estritamente necessárias ao que foi solicitado (Resolução CFP nº 06/2019).

Na atividade profissional do psicólogo, nesta área de avaliação psicossocial, o Conselho Federal de Psicologia publicou uma Resolução especifica sobre esta modalidade de avaliação. Trata-se da Resolução 14 de 28 de junho de 2023 (CFP,2023), que:

> "Regulamenta o exercício profissional da psicóloga e do psicólogo na realização de avaliação de riscos psicossociais relacionados ao trabalho, no âmbito das Normas Regulamentadoras do Ministério do Trabalho e Previdência, dos demais marcos legais de órgãos governamentais e de projetos e ações no âmbito de saúde e segurança, nos diferentes contextos de trabalho." (CFP, 2023, p.1).

Já no Art.1º refere que tem como objetivo regulamentar o trabalho do psicólogo (a), para realizar avaliações psicossociais conforme as normas regulamentadoras que são fornecidas pela Secretaria do trabalho, ou demais órgãos, com objetivo de promoção da saúde, segurança dos trabalhadores e de outros que atuam nas atividades laborais das normas regulamentadoras (CFP, 2023). Esta resolução orienta ainda aos psicólogos:

> § 1o. A avaliação de riscos psicossociais relacionados ao trabalho deve ser realizada em atendimento às normas regulamentadoras emitidas pelo Ministério do Trabalho e Previdência, bem como resoluções, diretrizes e recomendações emitidas por demais órgãos

> governamentais. § 2o. A avaliação de riscos psicossociais relacionados ao trabalho pode, inclusive, ser realizada em quaisquer contextos de trabalho, integrando projetos e ações no âmbito das condições de saúde e segurança no trabalho. Art. 2o Ao realizar a avaliação de riscos psicossociais relacionados ao trabalho, a psicóloga e o psicólogo devem investigar e diagnosticar características psicológicas das pessoas trabalhadoras, características dos processos de trabalho e do contexto organizacional que, de forma integrativa, interferem na subjetividade, na saúde mental, na integridade e na possibilidade de realização da atividade laboral. (CFP, 2023, p.1)

Dentro deste contexto, o profissional psicólogo que atuar nesta área precisa ficar atento as resoluções do Conselho Federal de Psicologia, assim como se atualizar quanto as fontes fundamentais de informação da Resolução 31/2022 (CFP, 2022), ou outra que venha substituir esta. Também da Resolução 14/2023 (CFP, 2023), da Resolução 06/2019 (CFP, 2019), e, outras Resoluções e orientações do CFP e CRPs correspondentes. Assim como consultar o *site* do SATEPSI para verificar os testes que estão favoráveis para serem utilizados, e também há uma lista de testes desfavoráveis que não podem ser usados.

denominada por Spearman como fator *g*. No final do século XX foi criado o Instituto Brasileiro de Avaliação Psicológica no Brasil por pesquisadores que realizavam estudos relacionados à construção, adaptação e validação dos testes psicológicos no Brasil (Ambiel, et al, 2016). Desta forma, a Resolução 02/2003, e foi instituída destacando os critérios de qualidade para um teste ser considerado apto para uso profissional. Esta resolução foi revogada e a atual é a 31/2022, que refere que os critérios devem conter a fundamentação teórica do teste, evidências empíricas, validade e precisão, além da correção e interpretação dos resultados, sendo criado um manual técnico para cada teste.

Sistema de Avaliação dos Testes Psicológicos (SATEPSI)

Salienta-se que há um Sistema de Avaliação dos Testes Psicológicos (SATEPSI) no Brasil, trata-se de um sistema de certificação dos instrumentos psicológicos para o uso profissional que foi instituído em 2003. O SATEPSI avalia os testes em favoráveis ou desfavoráveis para utilização através de um estabelecimento padrão, contendo o título do instrumento, ano de publicação, nome de quem submeteu o teste para avaliação, datas das análises, avaliação, recursos e resultado da avaliação (Ambiel et al, 2016). Desta forma, antes de utilizar um instrumento psicológico orienta-se que o profissional acesse o sistema e consulte se o teste está favorável para usar. O que, de acordo como o Código de Ética do Psicólogo e as Resoluções vigentes, é considerado falta de ética usar teste que não está adequado para o uso.

Avaliação Psicológica: Conceito e Processo

A avaliação psicológica é entendida como um processo técnico-científico exclusivo do profissional da Psicologia, realizada através de instrumentos como entrevistas, observação comportamental e testes psicológicos (Cohen, Swerdlik & Sturman, 2014). Segundo a Resolução CFP nº 06/2019, a avaliação psicológica coleta dados e interpreta as informações de acordo com os fenômenos psicológicos da relação do indivíduo com o social. Esse processo tem como objetivo apresentar diagnósticos ou hipóteses sobre o funcionamento do indivíduo, como também, sua personalidade e capacidade de executar determinada atividade (Hutz, Bandeira & Trentini, 2015).

Diante deste contexto, o profissional que vai trabalhar com Avaliação Psicológica Psicossocial, precisa ficar atento quando aos conceitos teóricos desta área da psicologia, assim como, deve estudar a resolução 06/2019 (CFP, 2019), que institui as regras para a elaboração de documentos escritos produzidos pela (o) psicóloga (o) no exercício profissional, e revoga a Resolução CFP ° 07/2003 e Resolução CFP nº 15/1996, Conselho Federal de Psicologia (CFP, 2019):

> Um processo de avaliação psicológica se caracteriza por uma ação sistemática e delimitada no tempo, com a finalidade de diagnóstico ou não, que utiliza de fontes de informações fundamentais e complementares com o propósito de uma investigação realizada a partir de uma coleta de dados, estudo e interpretação de fenômenos e processos psicológicos... A elaboração de documento decorrente do serviço prestado no exercício da profissão deve considerar que este é o resultado de uma avaliação e/ou intervenção psicológica, observando os condicionantes históricos e sociais, e seus efeitos nos fenômenos psicológicos... O documento escrito resultante da prestação de serviços psicológicos deve considerar a natureza dinâmica, não definitiva e não cristalizada do fenômeno psicológico. (CFP, 2019, p. 2)

O processo de avaliação psicológica é estabelecido em etapas, sendo a primeira estabelecer os objetivos da avaliação. A partir disto, é criado um planejamento de acordo com cada indivíduo, sendo a testagem psicológica uma das etapas deste processo. O desenvolvimento da avaliação é integrado com as informações coletadas no início do processo, sendo analisado pelo Psicólogo a necessidade de aplicação de cada um dos instrumentos psicológicos. Sendo assim, o processo de escolha dos instrumentos e estratégias da avaliação varia de acordo com o contexto e propósito da avaliação. Existem diversos contextos onde a avaliação psicológica está inserida, sendo: na clínica, organizacional, hospitalar, escolar, trânsito, esporte, neuropsicologia, orientação vocacional, psicossocial e forense (CFP, 2007).

O processo de avaliação pode ser definido em quatro etapas: identificar, integrar, inferir e intervir. A primeira etapa de identificação relaciona-se às necessidades e comportamentos através de entrevista, observação e testes. Já na segunda etapa, é o momento de integrar as informações e descrições obtidas na primeira etapa através da classificação dos instrumentos. A etapa de inferir, que é designada a terceira etapa do processo de avaliação, é composta pela interpretação dos resultados obtidos através dos instrumentos aplicados e as informações coletadas, visando concluir a avaliação e possuir uma visão geral do perfil do indivíduo. A última etapa está relacionada com a intervenção, realizando com o indivíduo com uma orientação psicológica ou terapia, priorizando o autodesenvolvimento (Pasquali, 2016).

Avaliação Psicológica Psicossocial

A avaliação psicossocial é realizada para avaliar aspectos clínicos, sociais e laborais do sujeito. Esta análise está relacionada com as interações do indivíduo com os demais, condições organizacionais, capacidades, desempenho, personalidade e demais aspectos que podem influenciar o seu desenvolvimento no trabalho (Ministério do Trabalho e Emprego, 2013b).

Existem diferentes fatores de risco no trabalho, divididos em: risco físico, risco químico, risco biológico, risco ergonômico e risco de acidente. O risco físico é ruído, vibração, umidade, radiações e temperatura extrema. O risco químico está relacionado aos fatores na indústria de móveis com produtos químicos que são utilizados para proteger e dar acabamento na superfície dos móveis, sendo a poeira de madeira um fator de risco. Ainda neste mesmo contexto, o risco biológico está associado a exposição do indivíduo aos fungos na madeira, assim como, em instalações sanitárias e coleta de lixo. O risco ergonômico envolve três contextos: organizacional, laboral e aspectos do trabalhador. Dessa forma, é levado em consideração o ritmo de produção em questão de turno de trabalho, tempo de pausas, assim como, fatores ambientais como a iluminação, temperaturas, ruído, poeira e também os fatores pessoais do indivíduo, sendo a idade, sexo, atividade física, tabagismo, sobrecarga, limitação das suas funções no trabalho, postura inadequada, força excessiva nas atividades e repetição de determinados movimentos. Por fim, o risco de acidentes está relacionado as situações de inadequação no trabalho, como procedimentos improvisados até problemas físicos (SESI, 2004).

Em 1919 foi criada a Organização Internacional do Trabalho (OIT) com o objetivo de promover oportunidade de trabalho aos indivíduos, preservando suas condições de liberdade, equidade, segurança e dignidade. Além disso, conta com normas de trabalho, desenvolvimento de políticas e programas para atender as necessidades dos trabalhadores. Após dois anos, em 1921, foi criada a Comissão Interna de Prevenção de Acidentes (CIPA), sendo uma determinação legal no Brasil em 1944. A CIPA consiste em prevenir acidentes e doenças do trabalho, identificando riscos presentes no ambiente e na organização do trabalho. A comissão atua com restrição à empresa, sendo formada por representantes dos empregados e do empregador para apoiar as atividades de prevenção a acidentes e doenças advindas do trabalho. (SESI, 2004).

Além destes aspectos, na Resolução 14 de 28 de junho de 2023 (CFP, 2023), é enfatizado que devem ser avaliados características pessoais, psicológicas, ocupacionais e sociais do trabalhador, se atentar as:

> § 1° A psicóloga e o psicólogo, na condução da avaliação de riscos psicossociais relacionados ao trabalho, devem investigas e diagnosticar: I – as características psicológicas relacionadas às exigências e condições de trabalho atuais ou previstas para a pessoa trabalhadora; II – as características da atividade e do processo de trabalho, do ambiente e da gestão do trabalho; III – as políticas, processos ou mecanismos de controle, prevenção e proteção à saúde, à segurança e à integridade da pessoa trabalhadora. (CFP, 2023, p.1).

Geralmente, o primeiro contato é realizado pela empresa que precisa realizar uma Avaliação Psicológica Psicossocial para o seu colaborador. Quem faz o contato habitualmente é o responsável pelos exames periódicos da empresa: SESMT, Segurança do trabalho, Gerente ou Supervisor de Recursos Humanos entre outros. Além disso, o Psicólogo pode entrar em contato com a empresa, preferencialmente através de uma reunião com a área que está responsável por este procedimento. Posteriormente, o contato geralmente se firma através de e-mails, telefonema e reuniões presenciais ou on-line.

Salienta-se que as avaliações podem ser realizadas de forma coletiva, especialmente a aplicação de instrumentos, além da entrevista individual, com um colaborador. Os procedimentos básicos, como instruções, aplicação de instrumentos são similares aos procedimentos da aplicação coletiva.

Antes iniciar avaliação, não esquecer de verificar salas e classes e/ou mesas adequadas para a realização de todo processo. Após agendar o horário e local da avaliação, no dia da avaliação sugere-se estes procedimentos:

Após a acomodação das pessoas na sala, fazer a apresentação do trabalho:

"*Bom dia a todos!* (Fazer um breve *rapport* para "quebrar o gelo": Está muito frio hoje...; Como chegaram até aqui?; Foi tranquilo?; etc.). *Meu nome é Maria, eu sou Psicóloga e fui contratada por esta empresa para fazer as Avaliações Psicológicas Psicossociais, de acordo com o Ministério do Trabalho* (ou outra instituição, até mesmo a mesma empresa em que a pessoa trabalha, avalia anualmente seus colaboradores). *Não se preocupem, esta avaliação tem como objetivo promover a saúde e qualidade de vida de vocês! Porque se tiverem alguma situação especial, vocês receberão as orientações necessárias! Alguma dúvida? Perguntas? Os resultados estarão disponíveis em aproximadamente X horas (média de 2 a 4 dias) e a entrevista de devolução dos resultados, para aqueles que desejarem, será na próxima semana. Exemplo: na quarta feira das 10 às 12 horas. Favor marcar com o responsável pelas avaliações, Rh ou SESMT. Alguma pergunta?*

Bem, nosso dia hoje transcorrerá assim: num primeiro momento, vocês realizarão um questionário de dados pessoais e de saúde, no qual deverão preencher o que conseguirem, colocar a data e assinar no final. Também um termo de consentimento para lerem e assinarem. Não se preocupem se não conseguirem responder todos os aspectos, porque vamos fazer uma entrevista individual para esclarecer as dúvidas e completar o questionário. Posteriormente a este questionário, iniciaremos a aplicação dos instrumentos psicológicos de inteligência, atenção e de personalidade, mas não se preocupem, porque cada tarefa será explicada e muitas terão um exemplo antes da realização propriamente dita. E somente após todos compreenderem bem o que deverão fazer é que iniciaremos o trabalho. Todos compreenderam? Alguma dúvida?

Também gostaria de salientar que o tempo da avaliação é de 2 a 3 horas, e, após a aplicação de todos os instrumentos, será agendado um horário para voltarem para a entrevista individual (no caso de ser uma pessoa, pode-se realizar logo após a avaliação quantitativa, porque já se pode revisar de forma qualitativa um instrumento e, se houver sinais de dificuldades, pode-se fazer as perguntas, de acordo com a situação). *Alguma dúvida?* (Caso não houver, prosseguir) *Não esqueçam de desligar os celulares!*

Solicito que as dúvidas sejam esclarecidas antes de começarmos a aplicação dos instrumentos, ok? Podemos prosseguir? (Assim, caso não tenham dúvidas, prosseguir com aplicação dos instrumentos que tenham tempo de aplicação e os questionários e/ou protocolos de testes de personalidade sejam aplicados por último. Após a aplicação de todos os instrumentos, chamar o primeiro trabalhador para entrevista individual.)

Fluxograma Logístico das Avaliações Psicológicas Psicossociais

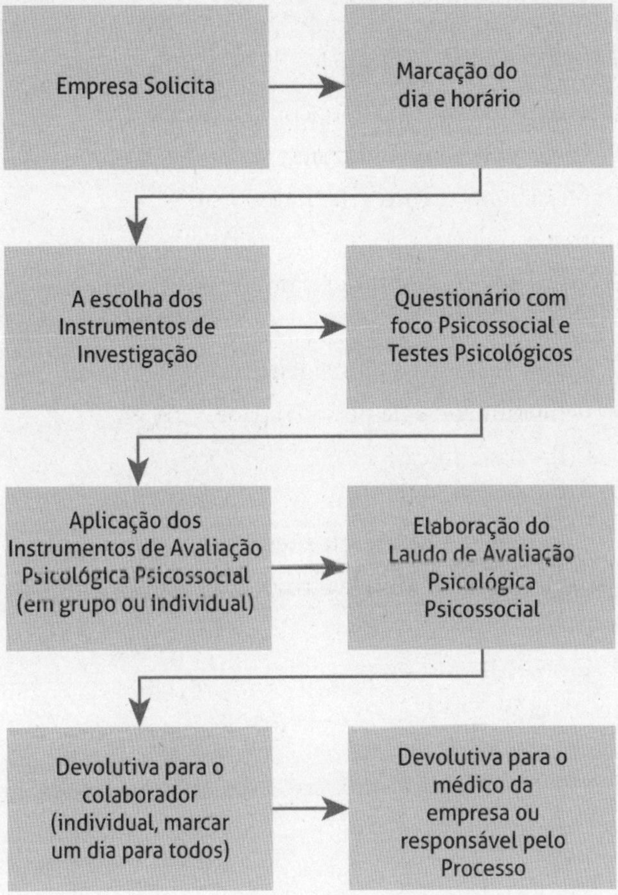

Fluxograma do período da avaliação

Para melhor compreender todo processo de Avaliação Psicológica Psicossocial é sugerido os seguintes passos, tanto para as aplicações coletivas, quanto as individuais. Estes passos têm como objetivo proporcionar ao profissional qualidade técnica e implementação de procedimentos técnicos na realização do processo. Importante realizar na sequência os seguintes procedimentos, que estarão em fluxograma para facilitar visualmente o processo:

- Verificação condições de uso da sala; acomodação dos colaboradores na sala;
- Realizar o *rapport*;
- Fazer apresentação pessoal;
- Realizar orientações sobre como vai ser o dia;
- Duração aplicações dos testes;
- Explicar sobre a entrevista individual;
- Entregar o questionário psicossocial;
- Iniciar a aplicação dos testes de tempo, exemplo:
    - Testes de atenção;
    - Instrumentos de inteligência;
    - Instrumentos de personalidade;
    - Escalas clínicas;
    - Entrevista individual;
    - Entrega do Laudo ou Atestado em torno de 2 a 4 dias;
    - Devolutiva individual para os avaliados e empresa.

Fluxograma do momento da avaliação

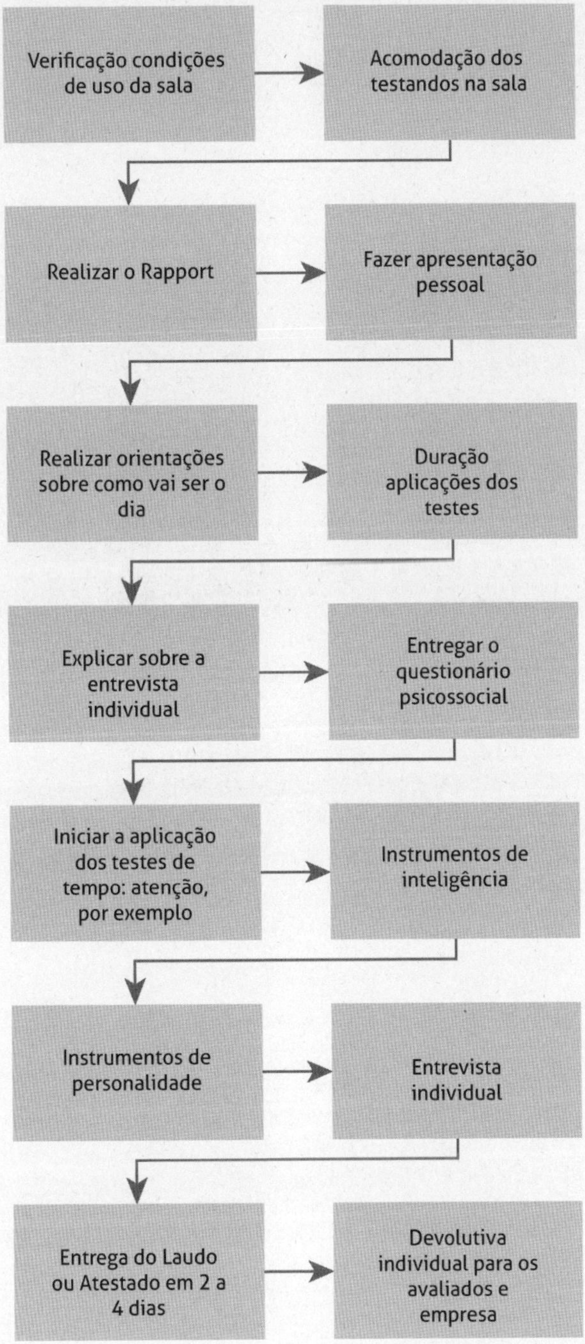

Principais psicopatologias

7

Regina Maria Fernandes Lopes
Raquel Pires de Vargas

Principais doenças relacionadas ao trabalho no Brasil

As doenças relacionadas ao trabalho são responsáveis por uma grande parcela da morbidade da população brasileira, segundo estatísticas do INSS, os transtornos mentais ocupam a 3ª posição entre as causas de concessão de benefícios previdenciários (Ministério da Saúde, 2001). No Brasil, o registro de doenças relacionadas ao trabalho aumentou de 5.025 em 1988 para 30.334 em 2005 entre os trabalhadores no Regime Geral da Previdência Social. Em 2017, dos 148.690 afastamentos por auxílio doença concedidos no mês de dezembro, 12.930 são decorrentes de Transtornos mentais e comportamentais de F00 a F99 (INSS, 2017).

Os dados recentes da planilha do INSS sobre os benefícios concedidos em 2017, especificamente, entre os meses de novembro e dezembro. Estes dados mostram o quanto o trabalhador precisa ser inserido em programas de qualidade de vida e programas voltados às psicopatologias relacionadas ao trabalho.

Acompanhamento Mensal dos Benefícios Auxílios-Doença Previdenciários Concedidos segundo os Códigos da CID-10 – Novembro a Dezembro de 2017.		
CID- 10 CATEGORIA	Novembro	Dezembro
Capítulo V: Transtornos mentais e comportamentais (F00-F99)	4.850	12.930
F10: Transtornos Mentais e Comportamentais Devidos ao Uso de Álcool	744	649
F19: Transtornos Mentais e Comportamentais Devidos ao Uso de Múltiplas Drogas e ao Uso de Outras Substâncias Psicoativas	1.269	1.130
F20: Esquizofrenia	593	511
F31: Transtorno Afetivo Bipolar	1.456	1.211
F32: Episódios Depressivos	3.795	3.286
F33: Transtorno Depressivo Recorrente	1.856	1.615
F41: Outros Transtornos Ansiosos	2.592	2.340

Fonte: Adaptado de Brasil (2018).

Enquanto no Brasil aumentam os números de afastamento por doença, ocorreu o contrário em países desenvolvidos, onde houve uma tendência à diminuição. O Bureau of Labor Statistics, nos Estados Unidos, em 2002 teve o registro de 294.500 DRT e, após três anos, em 2005, diminuiu para 242.500 notificações. Em Ontário, no Canadá, as taxas baseadas em pagamentos de benefícios reduziram em 50% na década anterior.

A legislação que orienta sobre o diagnóstico de doenças do trabalho no Brasil é a Portaria 1339/99, a qual apresenta os princípios norteadores utilizados no Brasil para o diagnóstico das doenças relacionadas ao trabalho e tem um capítulo dedicado aos chamados "transtornos mentais e do comportamento relacionados ao trabalho" (Ministério da Saúde, 1999). Tal portaria e o Decreto 3048/99 (Ministério da Previdência e Assistência Social, 1999) com suas alterações, estabelecem o nexo causal entre a doença e a atividade atual ou pregressa do trabalhador, que representa o ponto de partida para o diagnóstico e a terapêutica corretos, para as ações de vigilância e para o registro das informações (Ministério da Saúde, 2001).

As doenças relacionadas ao trabalho estão divididas em três grupos (I, II e III), de acordo com a classificação de Schilling, adotada no Brasil. No grupo I, destacam-se as doenças legalmente conhecidas onde o trabalho aparece como causa necessária. No grupo II, o trabalho não é necessário, mas aparece como um ponto de contribuição e no grupo III, o trabalho é considerado um ponto que provoca um distúrbio latente ou agrava uma doença já definida.

Em geral, os transtornos mentais e do comportamento estão classificados nos grupos II ou III, com exceção dos que são causados por substâncias tóxicas ou por fatores bem específicos como traumas físicos, por exemplo. Incluem-se neste caso (grupo I), quando excluídas causas não ocupacionais: demência, delirium, transtorno cognitivo leve, transtorno mental orgânico, episódios depressivos em trabalhadores expostos a substâncias químicas neurotóxicas e síndrome de fadiga relacionada ao trabalho (Ministério da Saúde, 2001).

Ainda, o estado de estresse pós-traumático e transtorno do ciclo vigília-sono relacionado a fatores não orgânicos em os trabalhadores que atuam em horário noturno ou turno alternados fazem parte do grupo I. Também fazem parte da lista de transtornos mentais e do comportamento relacionados ao trabalho: o alcoolismo crônico relacionado ao trabalho, o grupo classificado como outros transtornos neuróticos e a síndrome de *Burnout*, ou síndrome do esgotamento profissional (classificados ou nos grupos II ou no grupo III), de acordo com a Portaria MS 1339/99. Evidências epidemiológicas de excesso de prevalência em determinados grupos ocupacionais justificam a classificação no grupo II. Episódios depressivos e síndrome de fadiga relacionada ao trabalho quando não associadas à exposição a algumas substâncias químicas podem ser classificadas nos grupos II ou III (Ministério da Saúde, 1999).

Principais Psicopatologias que podem ocorrer no contexto organizacional

A Psicologia do Trabalho visa compreender e intervir diante as organizações, através da análise das interações das pessoas e grupos dentro da mesma, com o objetivo de criar estratégias e procedimentos para promover o bem-estar dentro da instituição. A promoção de bem-estar relaciona-se com a vida do trabalhador no aspecto pessoal e profissional e o Psicólogo atua com o intuito de aprimorar o desenvolvimento corporativo (Zanelli & Bastos, 2004). A prática do Psicólogo na organização está relacionada com a seleção de pessoal e colocação profissional, destacando-se como recursos para a melhoria dos relacionamentos nas organizações e condições de trabalho, além de treinamentos, avaliação de desempenho e liderança. Ainda, pode-se destacar a contribuição do Psicólogo na estrutura das organizações, visando reduzir conflitos e voltando o foco para a saúde e bem-estar do trabalhador na compreensão deste na sua subjetividade, salientando que as características organizacionais influenciam sobre o comportamento do indivíduo (Sampaio, 1995).

A Organização Mundial da Saúde (OMS, 2007) define saúde como um estado completo de bem-estar físico, mental e social. Dessa forma, compreende-se a capacidade de lidar com as adversidades e manter um equilíbrio interno e diante as vivências externas, visando atingir a resiliência. Dejours (1987) define a psicopatologia do trabalho como um sofrimento mental advindo das vivências subjetivas do indivíduo no cotidiano de trabalho que é percebido quando chega ao estágio da doença mental.

Os principais transtornos mentais e do comportamento relacionado ao trabalho são destacadas de acordo com o CID-10 (Classificação Estatística Internacional de Doenças e Problemas Relacionados com a Saúde) (Guimarães & Grubits, 2004):

TRANSTORNO CÓDIGO CID	CARACTERÍSTICAS
Demência em outras doenças específicas classificadas em outros locais (F02.8)	É descrita como uma síndrome crônica e progressiva, devido a uma patologia encefálica adquirida. Os prejuízos apresentam-se nas funções corticais superiores, sendo: memória, pensamento, orientação, compreensão, cálculo, capacidade de aprender, linguagem e julgamento. No contexto do trabalho, esta patologia pode associar-se as condições de trabalho e aos efeitos da exposição ocupacional a substâncias químicas tóxicas.

TRANSTORNO CÓDIGO CID	CARACTERÍSTICAS
Delirium (não sobreposto à demência) (F05.0)	É uma síndrome que apresenta prejuízo na consciência, atenção, percepção, pensamento, memória, comportamento psicomotor, emoção e ciclo sono-vigília associados ao comprometimento global das funções cognitivas. Podem ocorrer alterações do humor (irritabilidade), da percepção (ilusões e/ou alucinações especialmente visuais), do pensamento (ideação delirante), do comportamento (reações de medo e agitação psicomotora). Relaciona-se no trabalho diante a exposição a certas substâncias químicas e/ou condições de trabalho.
Transtorno cognitivo leve (F06.7)	Se caracteriza por alterações da memória, da orientação, e da capacidade de aprendizado, em como por reduzida capacidade de concentração em tarefas além de períodos curtos. Relaciona-se ao trabalho devido à exposição ocupacional a especificas substâncias químicas tóxicas e aos agentes físicos, como alto nível de ruído no local de trabalho.
Transtorno orgânico de personalidade (F07.0)	Afeta a expressão das emoções, necessidade, impulsos e comportamento, apresentando: redução da capacidade de engajamento nas atividades, labilidade emocional, alegria superficial e imotivada, irritabilidade, explosividade, desconfiança, alterações na linguagem (velocidade e fluxo), alterações do comportamento sexual e perturbações cognitivas. Relaciona-se com o trabalho devido à exposição ocupacional a específicas substâncias químicas tóxicas
Transtorno mental orgânico ou sintomático não especificado (F09)	Encontram-se vários transtornos mentais agrupados por terem em comum uma doença cerebral de etiologia demonstrável. Pode ser uma lesão ou dano de ordem primária, como nas doenças, lesões ou danos que afetam direta e seletivamente o cérebro, ou secundária, como as doenças sistêmicas onde encontram-se múltiplos órgãos, sendo o cérebro um deles. Se relacionam ao trabalho devido a efeitos da exposição ocupacional à especificas substâncias químicas tóxica.

TRANSTORNO CÓDIGO CID	CARACTERÍSTICAS
Alcoolismo crônico (F10.2)	Refere-se a dependência da bebida alcóolica, caracterizado pelo excesso de ingestão intenso ou consumo frequente de intoxicação e preocupação com o consumo do álcool, apesar das consequências deste comportamento para a vida e saúde do indivíduo. O trabalho é considerado um dos fatores psicossociais de risco capazes de influenciar em seu desenvolvimento diante as atividades: pouco prestigiadas e em contato com materiais repugnantes (lixo, esgoto, cadáveres), atividades de alta tensão (mineração, construção civil), grande densidade da atividade mental (repartições públicas, estabelecimentos bancários ou comércio), trabalho isolado (vigias), assim como, atividades que o sujeito fique um tempo prolongado longe de casa (viagens, plataformas marítimas).
Episódio depressivo (F32)	É caracterizado por humor triste, perda do interesse e prazer, reduzida energia para realizar atividades, sendo comum uma sensação de fadiga aumentada. Os sintomas podem aparecer na reduzida atenção e concentração, sentimento de culpa e inutilidade, baixa autoestima e autoconfiança, pessimismo, alteração no sono e apetite, além de atos auto lesivos ou suicidas. Os episódios depressivos podem ser classificados em: leve, moderado, grave sem sintomas psicóticos e grave com sintomas psicóticos. A relação desses episódios com o trabalho está relacionada com a exposição a substâncias química tóxicas e também situações de trabalhos frustrantes, exigências excessivas que advém do excesso de competição, implicando na ameaça de perda do seu cargo no trabalho e o caso de desemprego prolongado.
Transtorno de estresse pós-traumático (TEPT) (F43.1)	Compreende uma situação ou evento estressante que o indivíduo passou, sendo uma resposta tardia a isto, onde o acontecimento é caracterizado por um episódio ameaçador e catastrófico, causando angústia posterior, revivendo o trauma todos os dias. Na área do trabalho envolve situações de assalto no trabalho, acidente grave no trabalho, circunstância relacionada às condições de trabalho, relacionado a trabalhos perigosos (responsabilidade com vidas humanas), trabalho nos sistemas de transporte ferroviário, metroviário e aéreo e bombeiros.

TRANSTORNO CÓDIGO CID	CARACTERÍSTICAS
Síndrome de fadiga (incluída em "neurastenia") (F48.0)	Pode ser dividida em dois aspectos, sendo o primeiro: queixa de fadiga aumentada após esforço mental, associada a diminuição no desempenho ocupacional ou eficiência de adaptação em tarefas diárias. O segundo aspecto relaciona-se com sentimentos de fraqueza e exaustão corporal ou física após esforços mínimos, além de sentimento de desconforto, dores musculares e dificuldade para relaxar. Estes podem ocorrer devido ao ritmo de trabalho acelerado, ausência de pausas/intervalos, jornada de trabalho prolongada e a jornada de trabalho em turnos alternados. Ainda, podendo associar-se também, à exposição ocupacional a algumas substâncias químicas.
Neurose profissional (incluída em outros transtornos neuróticos especificados) (F48.8)	É expressada por sintomas de conflito psíquico, sendo que o desenvolvimento está associado a uma determinada situação organizacional ou profissional. Apresenta três formas clínicas: – Neurose profissional atual: neurose traumática, reativa a um trauma atual; – Psiconeurose profissional: situação de trabalho desencadeia esta, reativando conflitos infantis que permaneciam no inconsciente; – Neurose de excelência: desenvolve-se a partir de situações organizacionais que conduzem a exaustão e esgotamento, onde o sujeito investe intensamente seus esforços e ideais em determinada atividade. Relaciona-se com o trabalho nos aspectos de desemprego, mudança de emprego, ameaça de perda de emprego, condições difíceis no trabalho (relacionamento interpessoal) e outras dificuldades físicas e mentais relacionadas com o trabalho.
Transtorno não orgânico do ciclo sono-vigília (F51.2)	Caracteriza-se pela perda da sincronia sono-vigília, onde o sujeito apresenta insônia, interrupção precoce do sono ou sonolência excessiva, além de irritabilidade e fadiga. Em relação ao trabalho, destaca-se a jornada de trabalho noturna em regime fixo ou pela alternância de horários regime de revezamento de turnos, sendo visto em profissionais da área da saúde e transportes, por exemplo. Os riscos que podem contribuir para este transtorno são o desemprego, dificuldade de adaptação à organização e ao horário de trabalho e às condições de trabalho.

TRANSTORNO CÓDIGO CID	CARACTERÍSTICAS
Síndrome de esgotamento profissional (Burnout) (F73.0)	É definido como a consequência frente a situações de estressores emocionais e interpessoais crônicos no trabalho. Caracteriza-se pela exaustão emocional, despersonalização e diminuição do envolvimento no trabalho, podendo ser resultado da vivência profissional com dificuldade nas relações sociais, envolvendo a representação que a pessoa tem de si e dos outros. O trabalhador perde o sentido de sua relação com o trabalho, mostra desinteresse e qualquer esforço lhe parece inútil. É composta por três elementos centrais: – Exaustão emocional: sentimentos de desgaste emocional e esvaziamento afetivo; – Despersonalização: negativismo, insensibilidade ou afastamento excessivo do público que deveria receber os serviços ou cuidados do paciente; – Diminuição do envolvimento pessoal no trabalho: sentimento de diminuição de competência e de sucesso no trabalho. Os fatores no trabalho de influência para esta síndrome são: ritmo de trabalho penoso e outras dificuldades físicas ou mentais relacionadas ao trabalho, além da perda de controle ou autonomia e ausência de suporte social.

Fonte: Adaptado de Guimarães e Grubits (2004)

Neste contexto, entende-se que o trabalho ocupa um lugar importante na vida do indivíduo, através dos relacionamentos interpessoais e das habilidades dos trabalhadores, sendo aspectos importantes para proporcionar prazer, bem-estar e saúde do mesmo. Além disso, destaca-se o processo de comunicação no ambiente de trabalho, como um fator importante que também contribui para a saúde do trabalhador. Dessa forma, o que pode acarretar no sofrimento psíquico é o não reconhecimento no trabalho, ausência de suporte social, trabalho desprovido de significação ou trabalho que ameace a integridade física e/ou psíquica do sujeito. Ainda, destaca-se que nas organizações que não proporciam um espaço para que o sujeito possa comunicar suas insatisfações e sugestões relacionadas ao trabalho ou a organização em si, acabam contribuindo para o sofrimento no trabalho. Expressa-se ainda, os conflitos interpessoais, as longas jornadas de trabalho com pouca ou ausência de pausas, trabalhos noturnos ou turnos alternados e a pressão sob os trabalhadores, agregando de forma negativa na saúde dos mesmos, causando na maioria das vezes: ansiedade, fadiga crônica e distúrbios do sono (Dias, 2001).

Desde 1950 foram surgindo melhorias relacionadas à saúde do trabalhador, através de questionamentos e reivindicações que pudessem garantir a saúde, ambiente saudável e qualidade de vida para o trabalhador. Porém, foi a partir de 1980 que foram criados os primeiros Programas de Saúde do Trabalhador na rede pública de saúde do Brasil. Este foi descrito pela Organização Mundial da Saúde (OMS) como um programa para promover a proteção e promoção da saúde dos trabalhadores com o objetivo para o reconhecimento, avaliação e controle dos fatores que estão relacionados ao trabalho. Desta forma, a partir das Normas Regulamentadores (NR) que foram elaboradas pelo Ministério do Trabalho, com a missão de normatizar, organizar e determinar as responsabilidades relacionadas à saúde do trabalhador, visando promover saúde e segurança do trabalho na empresa (Merlo, Bottega, & Perez, 2014).

A OMS destaca o ambiente de trabalho saudável a partir de quatro aspectos: ambiente físico de trabalho, ambiente psicossocial de trabalho, recursos para a saúde pessoal e envolvimento da empresa na comunidade. O ambiente físico refere-se à estrutura, os produtos, substâncias químicas e os processos de produção no trabalho. Já o ambiente psicossocial, está relacionado com a cultura organizacional da empresa, que refletem no bem-estar físico e mental do funcionário, sendo práticas que podem ser denominadas como estressores. Os serviços de saúde estão relacionados com os recursos para a saúde pessoal, sendo descrito como as informações, recursos e incentivo relativos aos esforços manter uma vida saudável. Por fim, o envolvimento da empresa na comunidade é expresso pelas atividades e recursos que podem promover para o bem-estar físico e social no meio em que atua. Estes ambientes envolvem ética e valores da parte da empresa no compromisso da liderança e com a participação do trabalhador. Desta forma, o objetivo é mobilizar o ambiente, diagnosticar a organização, eleger as prioridades, realizar um planejamento, executar, avaliar e proporcionar melhorias relacionadas aos riscos no trabalho (Razzouk, Lima & Cordeiro).

A prevenção dos transtornos relacionados ao trabalho é baseada nas condições de trabalho, ambiente e nos procedimentos do cuidado da saúde do trabalhador. Sendo assim, utiliza-se os procedimentos relacionados à higiene ocupacional seguindo as normas de proteção e segurança do trabalhador no ambiente de trabalho envolvendo a análise do local de trabalho e das atividades que expõe o trabalhador frente às substâncias químicas, agentes físicos ou biológicos, além dos fatores de risco causadores de doença. Ressalta-se ainda, a identificação de problemas ou danos potencias para a saúde que advém da exposição aos fatores de risco que são identificados e com isso, promover medidas que preservem o risco e exposição dos trabalhadores, partindo de informações e treinamentos (Dias, 2001).

Quando se têm a confirmação do diagnóstico de alguma doença ou transtorno em relação ao trabalho, os procedimentos que devem ser seguidos para atenção à saúde do trabalhador são:

- Avaliar a necessidade do afastamento do trabalhador, da exposição, setor de trabalho e do trabalho em si;
- O trabalhador deve solicitar a emissão do Comunicação de Acidente de Trabalho (CAT) à empresa, para que seja legalmente reconhecido pelo Instituto Nacional do Seguro Social (INSS);
- Acompanhar a evolução do caso e a relação com o retorno ao trabalho;
- Realizar busca ativa de outros casos na mesma empresa ou ambiente de trabalho ou também em empresas que tenham o mesmo ramo de atividade;
- Inspecionar o ambiente de trabalho do trabalhador, visando identificar os fatores de risco para a saúde e as medidas de proteção coletiva, equipamentos e outros fatores de risco que podem contribuir;
- Recomendar ao empregador sobre as medidas de proteção que devem ser adotadas, sendo informadas posteriormente aos trabalhadores.

Em suma, as psicopatologias aqui citadas são apenas as principais que os trabalhadores podem ser acometidos, portanto o estabelecimento de programas para manter a saúde mental do trabalhador é de suma importância para o sucesso da organização em todos os aspectos.

Entrevista específica com foco psicossocial: modelos

8

Roberta Fernandes Lopes do Nascimento
Regina Maria Fernandes Lopes

Entrevista Psicossocial

A entrevista é realizada durante o processo de avaliação, sendo importante a interação estabelecida entre o profissional e o paciente/cliente. A forma como for estabelecida essa relação, pode influenciar no processo, pois é um momento importante de escuta e também de observação. A entrevista semiestruturada ajuda para coleta de dados e informações sobre indivíduo frente à avaliação, possuindo perguntas pré-determinadas que possam gerar outros questionamentos ao longo da entrevista, sendo definida como uma entrevista flexível. O profissional irá avaliar durante a entrevista, aspectos emocionais, pessoais e as relações interpessoais do sujeito, visando conhecer o seu estado atual. Além disso, é importante observar a apresentação do sujeito em questão de postura, a forma de se expressar, de se vestir e demais aspectos. A entrevista pode ser realizada com formas diferentes, dependendo do contexto da avaliação e os objetivos irão determinar as estratégias e intervenções a serem realizadas (Macedo & Carrasco, 2005).

A entrevista tem o propósito de obter informações do indivíduo, sendo uma etapa importante do processo da avaliação psicológica, pois irá integrar os dados obtidos e analisados na mesma com os resultados dos instrumentos psicológicos aplicados. A relação que o entrevistador estabelece com o entrevistado também desempenha um papel fundamental para o andamento do processo em si. É essencial que o profissional possa identificar e avaliar os aspectos de cada indivíduo, afim de classificar como apto ou não para exercer determinada função. (Macedo & Carrasco, 2005; Scorsolini-Comin, 2016).

Destaca-se como pontos importantes parar serem abordados na entrevista:

- Dados de identificação (nome completo, idade, estado civil, escolaridade, profissão, endereço, e-mail, telefone)
- Histórico profissional (ano de conclusão da escolaridade, escolha do curso, tempo em cada empresa, atividades)
- História familiar (constituição familiar, relacionamento com a família)
- Histórico de doenças familiares
- Relacionamentos (se está em um relacionamento, descrever como é a relação)
- Indicadores de saúde (investigar sobre: doenças pessoais, cirurgias, hospitalização, vícios, manias, uso de bebidas alcoólicas/ cigarro, medicamentos, medos, acidentes, atendimento psicológico, avaliação psicológica
- Características pessoais (pontos positivos e negativos)
- Rotina (atividades do dia a dia, atividades de lazer, o que gosta de fazer)
- Objetivos futuros (pessoais e profissionais)
- Visão a respeito do objetivo da entrevista (condições para exercer a função)

Entrevista para Avaliação Psicológica Psicossocial Admissional: Modelo

Maria da Silva

Psicóloga CRP: 00/0000

Entrevista para Avaliação Psicológica Psicossocial Admissional

Nome Completo: ____________________

Data de Nascimento: ____________________

Idade: ____________________

Escolaridade: ____________________

CPF: ____________________

Estado Civil: ____________________

Endereço: ____________________

Cidade: ____________________

E-mail: ____________________

Telefone: ____________________

Profissão: ____________________

Motivo da Avaliação: ____________________

Data: ____________________

<u>**Dados familiares**</u>

Nome, idade e profissão da mãe: ____________________

Nome, idade e profissão do pai: ____________________

Possui irmãos? ☐ Sim ☐ Não

Se sim, qual o nome, idade e profissão? ____________________

____

Está em um relacionamento atualmente? ☐ Sim ☐ Não

Qual o nome, idade e profissão do seu (sua) companheiro (a)? ____________________

____

Possui filhos? ☐ Sim ☐ Não

Nome, idade, profissão: ____________________

Nome, idade, profissão: ____________________

Características pessoais

Descreva seu jeito de ser, abordando aspectos positivos e negativos. ____________
____
____

Atividades

Você pratica alguma atividade física? Qual? Se não, o que gostaria de praticar? ____
____
____

O que você gosta de fazer nos tempos livres? ____________________
____
____

Objetivos

Quais são seus objetivos pessoais e profissionais para o futuro? ____________
____

Saúde

Cite as doenças existentes na sua família: ____________________
____
____

Você possui alguma deficiência (auditiva; visual)? ☐ Sim ☐ Não

Qual? ____

Faz ou já fez uso de medicação controlada? Qual? Motivo? ____________
____

Você possui alguma doença? ☐ Sim ☐ Não

Qual? ____

Possui histórico de hospitalizações? ☐ Sim ☐ Não

Se sim, relate sobre. ____
____

Já realizou alguma cirurgia? ☐ Sim ☐ Não

Qual procedimento? ____

Quando foi realizado? ____

Possui vícios ou manias? ☐ Sim ☐ Não Qual(is)? ____________
____

Faz uso de bebidas alcóolicas? ☐ Sim ☐ Não

Qual a regularidade? ____

Faz uso de cigarro? ☐ Sim ☐ Não

Qual a regularidade? ______________________________

Já sofreu algum acidente? ☐ Sim ☐ Não

Conte quando e o que ocorreu: ______________________________

____

Você já sentiu/sente dores durante as atividades do trabalho? ☐ Sim ☐ Não

Qual(is)? ______________________________

____

Você possui algum medo? ☐ Sim ☐ Não

Qual? ______________________________

Você está realizando ou já realizou acompanhamento psicológico? ☐ Sim ☐ Não

Por quanto tempo? ______________________________

Como você se sente atualmente? ______________________________

____

____

Histórico Profissional

Nome da empresa: ______________________________

Ramo de atividade: ______________________________

Setor: ______________________________

Entrada: ____________ Saída: ____________ (última experiência/atual)

Função: ______________________________

Atividades: ______________________________

____

____

Nome da empresa: ______________________________

Ramo de atividade: ______________________________

Setor: ______________________________

Entrada: ____________ Saída: ____________ (última experiência/atual)

Função: ______________________________

Atividades: ______________________________

____

____

Nome da empresa: ____________________

Ramo de atividade: ____________________

Setor: ____________________

Entrada: __________ Saída: __________ (última experiência/atual)

Função: ____________________

Atividades: ____________________

____

____

Declaro que as informações por mim prestadas são verdadeiras:

Data: __________ Assinatura: ____________________

Em casos de avaliações periódicas, sugere-se a seguinte entrevista semiestruturada:

Entrevista para Avaliação Psicológica Psicossocial Periódica: Modelo

Maria da Silva

Psicóloga CRP: 00/0000

____

Entrevista para Avaliação Psicológica Psicossocial Periódica

Motivo da Avaliação: ____________________

Empresa: ____________________

Avaliador (a): ____________________

Nome Completo: ____________________

Data de Nascimento: ____________________

Idade: ____________________

Escolaridade: ____________________

CPF: ____________________

Estado Civil: ____________________

Endereço: ____________________

Cidade: ____________________

E-mail: ___

Telefone: ___

Profissão: ___

Cargo atual: ___

Grau de Risco da atividade: ___

Data: ___

Dados familiares

Nome, idade e profissão da mãe: ___

Nome, idade e profissão do pai: ___

Possui irmãos? ☐ Sim ☐ Não

Se sim, qual o nome, idade e profissão? ___

___

Está em um relacionamento atualmente? ☐ Sim ☐ Não

Qual o nome, idade e profissão do seu (sua) companheiro (a)? ___

___

Possui filhos? ☐ Sim ☐ Não

Nome, idade, profissão: ___

Nome, idade, profissão: ___

Características pessoais

Descreva seu jeito de ser, abordando aspectos positivos e negativos. ___

___

___

Atividades

Você pratica alguma atividade física? Qual? Se não, o que gostaria de praticar? ___

___

___

O que você gosta de fazer nos tempos livres? ___

___

___

Objetivos

Quais são seus objetivos pessoais e profissionais para o futuro? ___

___

Saúde

Cite as doenças existentes na sua família: ______________________________
____
____

Você possui alguma deficiência (auditiva; visual)? ☐ Sim ☐ Não

Qual? ______________________________

Faz ou já fez uso de medicação controlada? Qual? Motivo? ______________
____

Você possui alguma doença? ☐ Sim ☐ Não

Qual? ______________________________

Possui histórico de hospitalizações? ☐ Sim ☐ Não

Se sim, relate sobre. ______________________________
____

Já realizou alguma cirurgia? ☐ Sim ☐ Não

Qual procedimento? ______________________________

Quando foi realizado? ______________________________

Possui vícios ou manias? ☐ Sim ☐ Não Qual(is)? ______________
____

Faz uso de bebidas alcóolicas? ☐ Sim ☐ Não

Qual a regularidade? ______________________________

Faz uso de cigarro? ☐ Sim ☐ Não

Qual a regularidade? ______________________________

Já sofreu algum acidente? ☐ Sim ☐ Não

Conte quando e o que ocorreu: ______________________________
____

Você já sentiu/sente dores durante as atividades do trabalho? ☐ Sim ☐ Não

Qual(is)? ______________________________
____

Você possui algum medo? ☐ Sim ☐ Não

Qual? ______________________________

Você está realizando ou já realizou acompanhamento psicológico? ☐ Sim ☐ Não

Por quanto tempo? ______________________________

Como você se sente atualmente? ______________________________
____

Em relação ao seu trabalho, responda:

Quais os pontos positivos que lhe motivam a trabalhar? (salário, ambiente, benefícios, atividades, jornada de trabalho, etc.). ______

______

______

Quais os pontos negativos que lhe desmotivam a trabalhar? (salário, ambiente, benefícios, atividades, jornada de trabalho, etc.). ______

______

______

Quais são suas atividades diárias? ______

______

______

Você recebeu treinamento/capacitação da empresa para realizar suas atividades? Qual (is)? ______

______

______

Qual a sua carga horária diária de trabalho? Qual a sua carga horária diária de trabalho?

______

Você consegue realizar todas as suas atividades na sua carga horária diária? ______

______

______

Como você se sente ao longo do dia durante suas atividades? ______

______

Você realiza pausas durante o dia? Quantas? Qual o tempo de cada uma? ______

______

Você realiza horas extras? Se sim, quantas por semana? ______

Você acha que seu trabalho exige muito de você em um dia de trabalho? Comente.

______

______

Você tem autonomia para realizar seu trabalho? Comente e relate situações. ______

______

______

Descreva quais são suas principais facilidades em executar as atividades do trabalho. ______

______

______

Descreva quais são suas principais dificuldades em executar as atividades do trabalho. ______

______

______

Você tem a possibilidade de aprender novas coisas no seu trabalho? Relate uma situação. ____
____
____

Já sofreu algum acidente de trabalho? Descreva o ocorrido. ______________
____
____

Como você se sente na empresa que trabalha? ______________________
____

Como você avalia seu ambiente de trabalho e relacionamento com colegas? ______
____
____

Você acredita que é valorizado na empresa pelas atividades que realiza? Se sim, relate situações que se sentiu assim. Se não, comente o que lhe faz sentir-se desvalorizado. ______________________________________
____
____

Teria alguma coisa que você gostaria de mudar na sua rotina de trabalho? Comente sobre. ____
____
____

O que você pensa a respeito desta avaliação para exercer sua atividade atual? _____
____
____

Declaro que as informações por mim prestadas são verdadeiras:

Data: __________________ Assinatura: ______________________________

Entrevista elaborada através dos materiais: *Técnicas de entrevista: método, planejamento e aplicações* (Scorsolini-Comin, 2016); *Contextos de entrevista: olhares diversos sobre a intenção humana* (Macedo & Carrasco, 2005) e *Protocolo de atenção à saúde mental e trabalho* (Secretaria da Saúde do Estado Bahia, 2014).

- **Aparência:** é o primeiro item a ser observado. Relaciona-se com os cuidados higiênicos e estéticos relativos ao corpo:
    - Cabelos
    - Barba
    - Unhas
    - Dentes
    - Roupas
    - Maquiagem
    - Adereços (brincos, colares, pulseiras)
- Deve-se avaliar se a aparência do sujeito está cuidada ou descuidada (desleixada); higiene corporal: roupas sujas, rasgadas; mau cheiro; cabelos despenteados; barba por fazer; dentes estragados ou ausentes; unhas sujas e compridas. A classificação pode ser: adequada, bizarra (aparência exagerada, diferente das outras pessoas, destoante do usual no ambiente); e exibicionista (excessiva exposição do corpo, comportamento sedutor).

- A aparência nos principais transtornos:
    - Depressão: desinteresse ou falta de energia que refletem nos cuidados pessoais; alguns se vestem com roupas escuras
    - Mania: roupas muito coloridas e chamativas, excesso de maquiagem, perfume em excesso, unhas
    - Demência: aparência descuidada (relacionada com a perda da capacidade de realizar movimentos voluntários)

- **Postura/Comportamento:** está relacionado a forma de falar, gestos, movimentos corporais.
    - Atitudes desejáveis: atitude cooperante, atitude amistosa, atitude de confiança, atitude interessada.
    - Atitudes indesejáveis:
        - Oposição/negativista: recusa participar da entrevista
        - Hostil: ofende, ameaça, agride o examinador
        - Fuga: reflete medo
        - Suspicaz/desconfiança: questiona o examinador
        - Arrogante: sente-se superior
        - Evasiva: evita responder certas perguntas

    - Invasiva: deseja saber sobre a vida pessoal do examinador, mexe nos objetivos da sala sem autorização
    - Inibida: demonstra estar pouco à vontade, não encara o examinador
    - Desinibida: facilidade no contato social, podendo tornar-se inconveniente
    - Dramática: reflete uma hiperemocionalidade
    - Teatral: parece estar fingindo
    - Sedutora: elogia e tentar agradar o examinador
    - Indiferente: não se sente incomodado pela entrevista ou presença do examinador
    - Manipuladora: ameaças, chantagem emocional
    - Submissa: passivamente, atende todas as solicitações do examinador
    - Expansiva: deseja de forma intensa o contato social, tratamento o examinador como se fosse amigo íntimo

- A atitude nos principais transtornos:
    - Mania: pode apresentar uma atitude expansiva, desinibida; ou irônica, arrogante, hostil
    - Depressão: normalmente apresenta atitude lamuriosa (queixa-se o tempo todo de seu sofrimento e demonstra auto piedade)
    - Retardo mental: muito característico um comportamento pueril (comportamento é como o de uma criança: faz pirraça, brinca, etc.)
    - Fobia social e transtorno da personalidade esquiva: apresenta inibição (elemento fundamental)
    - Transtorno delirante, transtorno da personalidade paranoide: atitude é querelante (discute ou briga com o examinador, por se sentir prejudicado ou ofendido), reivindicativa (exige, de forma insistente, que aquilo que julga ser seu direito seja atendido) ou suspicaz (ato de desconfiança)
    - Transtorno de personalidade antissocial: comportamento sedutor, manipulador e hostil

- Transtorno de personalidade *borderline*: comportamento manipulador e hostil

Cada função mental é avaliada de forma separada (Cordioli, Zimmermann & Kessler, 2004), sendo descritas como:

CASOMI-APEJUCOL (Apóstrofe para lembrar de todas as funções)
• **C**ONSCIÊNCIA; • **A**TENÇÃO; • **S**ENSOPERCEPÇÃO; • **O**RIENTAÇÃO; • **M**EMÓRIA; • **I**NTELIGÊNCIA; • **A**FETIVIDADE E HUMOR; • **P**ENSAMENTO; • **J**UÍZO CRÍTICO; • **C**ONDUTA; • **L**INGUAGEM.

No meio acadêmico, para facilitar a memorização, utiliza-se a apóstrofe de CASOMI-APEJUCOL. De forma explicativa, os conceitos de cada função são descritos abaixo:

- <u>CONSCIÊNCIA</u>: é o estado de lucidez em que a pessoa se encontra, desde a vigília até coma. Inclui o reconhecimento da realidade externa e de si mesmo em determinado momento e a capacidade de responder a estímulos. Os estados podem ser classificados como:
  - Vigil: estado alerta e responsivo (responde às perguntas sem dificuldade e estímulo)
  - Sonolência: alteração na capacidade de pensar claramente e responder estímulos; lentificação do processo

- Estupor: ausência dos movimentos espontâneos (mutismo); sujeito responde quando estimulado
- Coma: não responde aos estímulos externos e internos
- Hiperalerta: mostra-se ansioso, hiperativo; respostas aumentadas (pode ocorrer por consequência do uso de drogas, abstinência, stress pós-traumático)
- **A consciência nos principais transtornos:**
  - **Delirium:** prejuízo cognitivo global; rebaixamento do nível de consciência (pode ser causado por drogas, abstinência, encefalopatias metabólicas, infecções, epilepsia, traumatismo cranioencefálico, doenças cerebrovasculares, etc.
  - **Alcoolismo:** rebaixamento do nível da consciência, podendo chegar ao coma.
  - **Narcolepsia:** caracteriza-se por ataques irresistíveis de sono, associados a alucinações hipnagógicas, cataplexia e paralisia do sono.
- A avaliação é feita através da observação das reações do paciente frente aos estímulos, se é rápida ou lenta, sonolento ou não, se responde o que é perguntado.

- <u>ATENÇÃO</u>: capacidade para focar em uma atividade.
  - Vigilância: capacidade de focar em estímulos externos. Podendo ser classificado em: hipervigil (aumentada) ou hipovigil (diminuída).
    - Avaliação: através da observação durante a entrevista.
  - Tenacidade: capacidade de manutenção da atenção ou de uma tarefa específica.
    - Avaliação: observar se presta atenção nas perguntas e não se distrai facilmente. Outras formas de avaliar:
      - pedir para o indivíduo bater na mesa toda vez que falar a letra A, em uma série de letras aleatórias como: B, C, X, V, A, Z, R, F (gravar o tempo e número de erros)
      - passar uma lista de três palavras e pedir para o sujeito repetir, por exemplo: casa, mesa, lápis

- Concentração: capacidade de manter a atenção em processos internos do pensamento ou em alguma atividade mental.
    - Avaliação: pedir para que a pessoa realize subtrações sucessivas de 7, por exemplo: 100 - 7; 93 - 7; 86 - 7; 79 - 7; 72 - 7; 65 - 7; 58 - 7. Para indivíduos com déficit cognitivo, realiza-se uma série de 3 números a partir de 20.
- **A atenção nos principais transtornos:**
    - Depressão: hipoprosexia (infecção, embriaguez alcoólica), pode ocorrer por falta de interesse ou rigidez da atenção (quando a mente se concentra em algumas ideias de conteúdo penoso)
    - Demência: atenção comprometida, rápida fatigabilidade,
    - Ansiedade: provoca dificuldade de concentração e aumento da atenção espontânea
    - Intoxicação por anfetamina, cocaína ou alucinógenos: labilidade da atenção, devido ao aumento da excitação psíquica
    - Intoxicação por álcool: labilidade da atenção, ocorre hipoprosexia (debilidade na atenção) e aprosexia (falta absoluta da atenção)

- <u>SENSOPERCEPÇÃO</u>: capacidade de perceber e interpretar os estímulos que apresentam aos órgãos de sentido auditivo, visual, olfativo, tátil e gustativo.
    - Ilusões: estímulos reais são confundidos ou interpretador de forma errada. Por exemplo: enxergar uma cobra, quando na verdade é um cinto.
    - Alucinações: quando há percepção sensorial na ausência de um estímulo externo, podendo ser em qualquer órgão sensitivo. Destacam-se também outros tipos específicos de alucinação:
        - De presença: quando a pessoa sente a presença de outra pessoa ou ser vivo
        - Somática: envolve o corpo do sujeito e órgãos internos
        - Cinestesias: escutar cores, cheirar músicas
        - Despersonalização: alteração na percepção de si próprio; sentimento de estranheza

- Desrealização: percebe alteração na percepção do ambiente

- A avaliação é feita através da observação. Observar: atenção (se presta atenção no examinador); mudanças súbitas (posição, fisionomia); falar sozinho, dar respostas incoerentes, risos imotivados, olhar fixo em determinada direção, etc.
- **A sensopercepção nos principais transtornos:**
  - **Esquizofrenia:** grande riqueza alucinatória.
  - **Transtornos de humor:** pode ocorrer hiperestesia na mania (excesso de sensibilidade) ou hipoestesia na depressão (diminuição da sensibilidade) e ilusões catatímicas (imagens deformadas).
  - **Alucinose alcoólica:** predominam as alucinações auditivas.
  - **Demência:** pode cursar com agnosia (incapacidade de reconhecer objetos).

- <u>ORIENTAÇÃO</u>: capacidade de reconhecer-se, situar-se no tempo, espaço e lugar.
  - Orientação autopsíquica: percepção em relação a si
    - **Avaliação:** perguntar dados como nome, idade, data de nascimento, profissão
  - Orientação alopsíquica: identificar o "outro"; capacidade de identificar
    - **Avaliação:** perguntar sobre parentes, amigos, pessoas próximas
  - Tempo: situar-se no tempo
    - **Avaliação:** perguntar o dia, mês e ano, horário em que está sendo realizada a entrevista, estação do ano
  - Espaço: capacidade de descrever onde está
    - **Avaliação:** perguntar o endereço de onde estão, cidade, estado, país

- <u>MEMÓRIA</u>: capacidade de fixar ou reter informações, lembrar e reconhecer objetos, pessoas e experiências. Divide-se em três tipos de memória:
  - Imediata: informações ouvidas nos últimos 15 a 20 segundos
    - **Avaliação:** mostrar 10 objetos para o sujeito e depois de 20 segundos, pedir para ele citar os objetivos que foram apresentados

- Recente: de 5 a 10 minutos, sendo memória de curto-prazo e a de longo prazo acima de 30 minutos
    - **Avaliação:** apresentar três palavras para o indivíduo, podendo ser: escova, sofá e quadro. Após 5 minutos, pedir para ele repetir as três palavras.
- Remota: possui significado emocional, estando retida desde o início da vida (exemplo: data de nascimento, nascimento dos filhos, onde estudou)
    - **Avaliação:** pode perguntar: quais são os nomes dos seus filhos? Onde você nasceu? Qual sua data de nascimento?
- **A memória nos principais transtornos:**
    - **Depressão:** desinteresse ao mundo externo, inibição psíquica, dificuldade de evocação, facilidade para evocar fatos ruins
    - **Demência:** hipomnésia (dificuldade de evocação), prejuízo é progressivo
    - **Transtorno amnéstico:** principal causa é o alcoolismo crônico. Apresentam hipomnésia de fixação, desorientação e fabulação
    - **Retardo mental:** prejuízo pode ser semelhante aos da demência, dificuldade na memória de fixação
    - **Transtorno de estresse pós-traumático (TEPT):** transtorno de ansiedade que vem de um evento traumático. Apresenta hipermnésia retrógrada (relembra o trauma)

- <u>INTELIGÊNCIA:</u> conjunto de habilidades cognitivas: raciocínio, resolução de problemas, planejamento, pensamento abstrato, compreensão de ideias complexas, capacidade de compreender as relações e integrar os conhecimentos. Deve-se avaliar:
    - Capacidade de fazer contas;
    - Raciocínio lógico;
    - Dificuldades em estudar;
    - Capacidade de abstração: solicitar interpretação de metáforas e comparação de objetos semelhantes e diferentes.
        - **Avaliação:** fazer alguns testes com o sujeito para avaliar a capacidade de abstração, generalização síntese de raciocínio e nível de conhecimentos.

- Perguntar sobre o significado de ditados populares, como por exemplo: "Mais vale um pássaro na mão do que dois voando", "Nunca julgue um livro pela capa".
- Interpretar fábulas: contar uma fábula e pedir para o sujeito contar a 'moral' da história.
- Cálculos matemáticos, por exemplo: "Se der R$ 20,00 para a compra em uma loja, onde o produto custou R$ 11,20. Quanto deve receber de troco?
- Perguntar conceitos como: "O que significam amor e amizade?"
- Pode-se dar uma notícia para a pessoa ler e pedir para que resuma sobre.
- Perguntar sobre semelhanças: "O que há em comum entre o azul e vermelho?" "O que há em comum entre o cachorro, pássaro e gato?"

- **A inteligência nos principais transtornos:**
  - **Retardo mental:** significativo prejuízo nas aptidões cognitivas, linguagem, motora e social
  - **Demência:** desintegração progressiva do intelecto, memória e personalidade, prejuízo na atenção, aprendizagem e compreensão de novos conceitos
  - **Depressão:** prejuízo na atenção, falta de motivação, inibição do pensamento, perturbação do afeto

- <u>AFETIVIDADE E HUMOR</u>: afeto é a capacidade de experiência imediata e subjetiva das emoções sentidas em relação às situações; humor é um estado emocional mais constante, pode influenciar na percepção de si mesmo.
  - **A avaliação** é feita através:
    - Expressão facial;
    - Postura;
    - Conteúdo afetivo (tristeza, euforia, culpa, vergonha, alegria, etc.);
    - Tipo de afeto: embotado (redução na expressão afetiva), grandiosidade (expansão exagerada);

- Tonalidade afetiva: hipotimia (sintomas depressivos), hipertimia (euforia), disforia (tonalidade afetiva desagradável, mal-humorada).

- **A afetividade nos principais transtornos:**
    - **Mania:** apresenta alegria (euforia), irritabilidade (exaltação), labilidade afetiva
    - **Depressão:** tristeza patológica, pode apresentar ansiedade e irritabilidade intensas, rigidez afetiva
    - **Transtorno de ansiedade:** ansiedade patológica (exaltação afetiva), pode apresentar irritabilidade
    - **Transtorno de personalidade *borderline*:** dificuldade de controle sobre a raiva, exaltação/labilidade afetiva
    - **Transtorno de estresse pós-traumático (TEPT):** sintomas depressivos e ansiosos, irritabilidade, tristeza, ansiedade e labilidade afetiva

- PENSAMENTO: conjunto de funções com a capacidade de integrar informações passadas com atuais, assim como, conhecimentos novos e antigos, analisar, abstrair, julgar, concluir, sintetizar e criar. É avaliado em três aspectos:
    - Produção/Forma: capacidade do sujeito em seguir uma lógica; relação e nexo nas ideias;
        - Coerência: construção de frases lógicas, em sequência, fazendo sentido as ideias;
        - Circunstancialidade: alteração na expressão do pensamento por meio de detalhes irrelevantes e redundantes, mas consegue chegar ao objetivo;
        - Tangencialidade: o objetivo nunca é alcançado, ou não é claramente definido;
        - Fuga de ideias/Ilógica: associações livres.
    - Curso: quantidade de ideias que vêm no pensamento e a velocidade das mesmas, podendo ser:
        - Acelerado (associação de palavras de maneira inapropriada);
        - Lentificado;
        - Adequado;

        - Bloqueado (parada súbita e inesperada de seus pensamentos)
    - Conteúdo: capacidade de relacionar as ideias com a realidade;
        - Delírio: ideia falsa, crença irreal;
        - Ideias supervalorizadas: crença exagerada, por exemplo: desconfiança;
        - Ideias de referência: sensação de que as pessoas estão sempre falando dela e se referindo a ela;
        - Pobreza: pouca informação, vago;
        - Obsessões: ideias, imagens ou impulsos repetitivos.
    - **Avaliação:** é feita através da observação durante a entrevista com o indivíduo, avaliando os aspectos citados acima.
    - **O pensamento nos principais transtornos:**
        - **Esquizofrenia:** pensamento interrompido, acelerado, bloqueado
        - **Mania:** pensamento acelerado, fuga de ideias
        - **Depressão:** pensamento lento, de culpa, sentimento de vazio
        - **Transtorno obsessivo-compulsivo (TOC):** pensamento minucioso, com a presença de ideias obsessivas

- <u>JUÍZO CRÍTICO</u>: capacidade de perceber e avaliar a realidade externa, saber separar seus pensamentos, sentimentos e impulsos aos de outras pessoas. As alterações aparecem da seguinte forma:
    - Falar coisas inapropriadas;
    - Ser inconveniente;
    - Não medir consequências dos atos;
    - Não reconhecer limitações.
        - **Avaliação:** observação durante a entrevista, analisando as respostas dadas pelo indivíduo. Pode ser percebida através da capacidade de julgamento e insight (compreensão sobre si, seu estado emocional, sua doença, pessoas ao seu redor e sua vida em geral).

- <u>CONDUTA</u>: são comportamentos que devem ser avaliados durante a entrevista, através:

- Comportamento motor (gesticulação, mobilidade geral, inquietação, agitação – rabiscar, balançar pés ou pernas, cruzar e descruzar frequentemente as pernas, roer unhas, ficar enrolando o cabelo, em padrão acelerado);
- Atitudes (sujeito mais fechado, reservado, mais aberto, desconfiado, hostil, bajulador, sedutor, ambivalente (emoções positivas e negativas em relação ao examinador), amigável;
- Atos;
- Tiques (movimentos involuntários e espasmódicos);
- Impulsos;
- Verbalizações;

- LINGUAGEM: é a forma da pessoa se comunicar. Envolve a linguagem verbal, gestos, olhar, expressão facial ou escrita.
  - Quantidade: loquaz, prolixo, taciturno, não-espontâneo ou normal;
  - Velocidade: rápida, lenta, hesitante, monótona;
  - Qualidade: conteúdo do discurso (pobre, elaborado), gagueira, neologismo (criação de novas palavras)
  - Volume: alto ou baixo.
    - Alterações:
  - Disartria: dificuldade na articulação da palavra
  - Bradilalia: falar muito devagar
  - Taquilalia: falar muito rápido
  - Ecolalia: repetir as últimas palavras do interlocutor
  - Afasia: não conseguir falar
  - Logorréia: não parar de falar
  - Mutismo: ficar completamente quieto
  - Vulgaridade: vocabulário de baixo calão
  - Coprolalia: uso de palavras obscenas
  - Disgrafia: escrever palavras incorretamente
  - Neologismos: invenção de palavras com significados particulares para o paciente
  - **Avaliação:** para avaliar a expressão oral e compreensão auditivo-verbal no aspecto de compreensão, capacidade de nomeação, capacidade de repetição e expressão, pode pedir ao paciente:

- "Toque sua orelha direita com sua mão esquerda"
- "Os bairros são maiores do que as cidades?"
- Mostrar um objetivo ao paciente e pedir que ele nomeie o que é, por exemplo: caneta e borracha
- Pedir para o sujeito repetir, por exemplo: "Nem aqui, nem ali, nem lá"
- Solicitar que a pessoa escreva uma frase com sujeito, verbo e objeto

- **A linguagem nos principais transtornos:**
  - **Mania:** fala alto, rápido e não para de falar, apresenta coprolalia, em função da perda da autocensura
  - **Depressão:** apresenta mutismo, bradilalia
  - **Demência:** pode apresentar afasia, ecolalia

A análise das funções psicofisiológicas está relacionada ao sono, apetite e sexualidade.

- Sono: deve-se avaliar o número de horas que dorme por dia, satisfação do sono, sono diurno, insônia inicial, terminal ou no meio da noite, hipersonia, sonambulismo, apneia do sono, alterações do ciclo sono-vigília, diminuição da necessidade do sono.
- Apetite: avaliar aumento ou diminuição do peso, questionar sobre a alimentação atual, se houve mudança nos últimos meses e anos, investigar sobre compulsividade e impulsividade, etc.
- Sexualidade: diminuição ou aumento do desejo sexual, incapacidade de experimentar o prazer, ejaculação precoce ou retardada, parafilias, vaginismo, sexo seguro, planejamento familiar.

Por último, o entrevistador deve anotar sobre as informações as condições nas quais a entrevista foi realizada, avaliando:

- Local
- Privacidade
- Duração
- Colaboração do paciente na entrevista
- Presença de outras pessoas na entrevista
- Referir impressões sobre possíveis simulações

Exame de Estado Mental (modelo de formulário)

FUNÇÕES MENTAIS	CARACTERÍSTICAS A SEREM AVALIADAS	Preservado	Alterado
Consciência	**É o estado de lucidez em que a pessoa se encontra, desde a vigília até coma.** **Inclui o reconhecimento da realidade externa e de si em determinado momento e a capacidade de responder a estímulos.** **Vigil:** estado alerta e responsivo (responde às perguntas sem dificuldade e estímulo). **Sonolência:** alteração na capacidade de pensar claramente e responder estímulos; lentificação do processo. **Estupor:** ausência dos movimentos espontâneos (mutismo); sujeito responde quando estimulado. **Coma:** não responde aos estímulos externos e internos. **Hiperalerta:** mostra-se ansioso, hiperativo; respostas aumentadas (pode ocorrer por consequência do uso de drogas, abstinência, estresse pós-traumático).		
Atenção	Capacidade para focar em uma atividade. **Vigilância:** capacidade de focar em estímulos externos. Podendo ser classificado em: hipervigil (aumentada) ou hipovigil (diminuída). Avaliação: através da observação durante a entrevista. **Tenacidade:** capacidade de manutenção da atenção ou de uma tarefa específica. - Pode pedir para o indivíduo bater na mesa toda vez que falar a letra A, em uma série de letras aleatórias como: B, C, X, V, A, Z, R, F (gravar o tempo e número de erros). - Pode passar uma lista de três palavras e pedir para o sujeito repetir, por exemplo: casa, mesa, lápis. **Concentração:** capacidade de manter a atenção em processos internos do pensamento ou em alguma atividade mental. - Pedir para que a pessoa realize subtrações sucessivas de 7, por exemplo: 100 - 7; 93 - 7; 86 - 7; 79 - 7; 72 - 7; 65 - 7; 58 - 7. Para indivíduos com déficit cognitivo, realiza-se uma série de 3 números a partir de 20.		

FUNÇÕES MENTAIS	CARACTERÍSTICAS A SEREM AVALIADAS	Preservado	Alterado
Sensoper-cepção	Capacidade de perceber e interpretar os estímulos que apresentam aos órgãos de sentido auditivo, visual, olfativo, tátil e gustativo. - Ilusões: estímulos reais são confundidos ou interpretador de forma errada. Por exemplo: enxergar uma cobra, quando na verdade é um cinto. **- Alucinações: quando há percepção sensorial na ausência de um estímulo externo, podendo ser em qualquer órgão sensitivo.** **- De presença: quando a pessoa sente a presença de outra pessoa ou ser vivo.** **- Somática: envolve o corpo do sujeito e órgãos internos.** **- Cinestesias: escutar cores, cheirar músicas.** **- Despersonalização: alteração na percepção de si próprio; sentimento de estranheza.** **- Desrealização: percebe alteração na percepção do ambiente.**		
Orientação	Capacidade de reconhecer-se, situar-se no tempo, espaço e lugar. **Orientação auto psíquica:** percepção em relação a si. - Perguntar dados como nome, idade, data de nascimento, profissão. **Orientação alo psíquica:** identificar o "outro"; capacidade de identificar. - Perguntar sobre parentes, amigos, pessoas próximas. **Tempo:** situar-se no tempo. - Perguntar o dia, mês e ano, horário em que está sendo realizada a entrevista, estação do ano. **Espaço:** capacidade de descrever onde está - Perguntar o endereço de onde estão, cidade, estado, país.		

FUNÇÕES MENTAIS	CARACTERÍSTICAS A SEREM AVALIADAS	Preservado	Alterado
Memória	Capacidade de fixar ou reter informações, lembrar e reconhecer objetos, pessoas e experiências. Três tipos de memória: **Imediata:** informações ouvidas nos últimos 15 a 20 segundos; - Avaliação: mostrar 10 objetos para o sujeito e depois de 20 segundos, pedir para o mesmo citar os objetivos que foram apresentados. **Recente:** de 5 a 10 minutos, sendo memória de curto-prazo e a de longo prazo acima de 30 minutos; - Avaliação: apresentar três palavras para o indivíduo, podendo ser: escova, sofá e quadro. Após 5 minutos, pedir para o mesmo repetir as três palavras. **Remota:** possui significado emocional, estando retida desde o início da vida (exemplo: data de nascimento, nascimento dos filhos, onde estudou); - Avaliação: pode perguntar: quais são os nomes dos seus filhos? Onde você nasceu? Qual sua data de nascimento?		

FUNÇÕES MENTAIS	CARACTERÍSTICAS A SEREM AVALIADAS	Preservado	Alterado
Inteligência	Conjunto de habilidades cognitivas: raciocínio, resolução de problemas, planejamento, pensamento abstrato, compreensão de ideias complexas, capacidade de compreender as relações e integrar os conhecimentos. Avaliação: - Pode perguntar sobre o significado de ditados populares, como: "Mais vale um pássaro na mão do que dois voando", "Nunca julgue um livro pela capa". - Interpretar fábulas: contar uma fábula e pedir para o sujeito contar a 'moral' da história. - Cálculos matemáticos: "Se der R$ 20,00 para a compra em uma loja, onde o produto custou R$ 11,20. Quanto deve receber de troco? - Perguntar conceitos como: "O que significam amor e amizade?" - Pode dar uma notícia para a pessoa ler e pedir para que resuma sobre. - Pode perguntar sobre semelhanças: "O que há em comum entre o azul e vermelho?" "O que há em comum entre o cachorro, pássaro e gato?"		
Afetividade e Humor	Afeto é a capacidade de experiência imediata e subjetiva das emoções sentidas em relação às situações; humor é um estado emocional mais constante, pode influenciar na percepção de si mesmo. A avaliação é feita através: - Expressão facial; - Postura; - Conteúdo afetivo (tristeza, euforia, culpa, vergonha, alegria, etc.); - Tipo de afeto: embotado (redução na expressão afetiva), grandiosidade (expansão exagerada); - Tonalidade afetiva: hipotimia (sintomas depressivos), hipertimia (euforia), disforia (tonalidade afetiva desagradável, mal-humorada).		

FUNÇÕES MENTAIS	CARACTERÍSTICAS A SEREM AVALIADAS	Preservado	Alterado
Pensamento	Conjunto de funções com a capacidade de integrar informações passadas com atuais, assim como, conhecimentos novos e antigos, analisar, abstrair, julgar, concluir, sintetizar e criar. É avaliado em três aspectos: **Produção/Forma:** capacidade do sujeito em seguir uma lógica; relação e nexo nas ideias; - Coerência: construção de frases lógicas, em sequência, fazendo sentido as ideias; - Circunstancialidade: alteração na expressão do pensamento por meio de detalhes irrelevantes e redundantes, mas consegue chegar ao objetivo; - Tangencialidade: o objetivo nunca é alcançado, ou não é claramente definido; - Fuga de ideias/Ilógica: associações livres **Curso:** quantidade de ideias que vêm no pensamento e a velocidade das mesmas, podendo ser: - Acelerado (associação de palavras de maneira inapropriada); - Lentificado; - Adequado; - Bloqueado (parada súbita e inesperada de seus pensamentos). **Conteúdo:** capacidade de relacionar as ideias com a realidade; - Delírio: ideia falsa, crença irreal; - Ideias supervalorizadas: crença exagerada, por exemplo: desconfiança; - Ideias de referência: sensação de que as pessoas estão sempre falando dela e se referindo a ela; - Pobreza: pouca informação, vago; -Obsessões: ideias, imagens ou impulsos repetitivos. **Avaliação:** é feita através da observação durante a entrevista com o indivíduo, avaliando os aspectos citados acima.		

FUNÇÕES MENTAIS	CARACTERÍSTICAS A SEREM AVALIADAS	Preservado	Alterado
Juízo Crítico	Capacidade de perceber e avaliar a realidade externa, saber separar seus pensamentos, sentimentos e impulsos aos de outras pessoas. As alterações aparecem da seguinte forma: - Falar coisas inapropriadas; - Ser inconveniente; - Não medir consequências dos atos; - Não reconhecer limitações. **Avaliação:** observação durante a entrevista, analisando as respostas dadas pelo indivíduo. Pode ser percebida através da capacidade de julgamento e insight (compreensão sobre si, seu estado emocional, sua doença, pessoas ao seu redor e sua vida em geral).		
Conduta	**São comportamentos que devem ser avaliados durante a entrevista, através:** **- Comportamento motor (gesticulação, mobilidade geral, inquietação, agitação - rabiscar, balançar pés ou pernas, cruzar e descruzar frequentemente as pernas, roer unhas, ficar enrolando o cabelo, em padrão acelerado);** **- Atitudes (sujeito mais fechado, reservado, mais aberto, desconfiado, hostil, bajulador, sedutor, ambivalente (emoções positivas e negativas em relação ao examinador), amigável;** **Atos;** **Tiques (movimentos involuntários e espasmódicos);** **Impulsos;** **Verbalizações.**		

FUNÇÕES MENTAIS	CARACTERÍSTICAS A SEREM AVALIADAS	Preservado	Alterado
Linguagem	É a forma da pessoa se comunicar. Envolve a linguagem verbal, gestos, olhar, expressão facial ou escrita. **Quantidade:** loquaz, prolixo, taciturno, não-espontâneo ou normal; **Velocidade:** rápida, lenta, hesitante, monótona; **Qualidade:** conteúdo do discurso (pobre, elaborado), gagueira, neologismo (criação de novas palavras); **Volume:** alto ou baixo. **Avaliação:** para avaliar a expressão oral e compreensão auditivo-verbal no aspecto de compreensão, capacidade de nomeação, capacidade de repetição e expressão, pode pedir ao paciente: - "Toque sua orelha direita com sua mão esquerda." - "Os bairros são maiores do que as cidades?" - Mostrar um objetivo ao paciente e pedir que ele nomeie o que é, por exemplo: caneta e borracha. - Pedir para o sujeito repetir por exemplo: "Nem aqui, nem ali, nem lá." - Solicitar que a pessoa escreva uma frase com sujeito, verbo e objeto.		

AVALIAÇÃO DAS FUNÇÕES PSICOFISIOLÓGICAS		Preservado	Alterado
Sono	Deve-se avaliar: - Número de horas que dorme por dia. - Satisfação do sono (sono diurno, insônia inicial, terminal ou no meio da noite). - Hipersonia. - Sonambulismo. - Apneia do sono. - Alterações do ciclo sono-vigília. - Diminuição da necessidade do sono.		

AVALIAÇÃO DAS FUNÇÕES PSICOFISIOLÓGICAS		Preservado	Alterado
Apetite	Deve-se avaliar: - Aumento ou diminuição do peso. - Alimentação atual. - Houve mudança nos últimos meses e anos? - Investigar sobre compulsividade e impulsividade, etc.		
Sexualidade	Investigar sobre: - Diminuição ou aumento do desejo sexual. - Incapacidade de experimentar o prazer. - Ejaculação precoce ou retardada. - Sexo seguro. - Planejamento familiar. - Parafilias, vaginismo.		
ESPAÇO PARA O ENTREVISTADOR ANOTAR SUAS IMPRESSÕES			
Local			
Privacidade			
Duração			
Colaboração do paciente na entrevista			
Presença de outras pessoas na entrevista			
Referir impressões sobre possíveis simulações			

Fonte: Adaptado de Zuardi e Loureiro (1996) e Dalgalarrondo (2008)

O que e como avaliar: instrumentos psicológicos utilizados em Avaliação Psicológica Psicossocial

10

Roberta Fernandes Lopes do Nascimento
Regina Maria Fernandes Lopes

Para a realização da Avaliação Psicológica Psicossocial, serão utilizados vários instrumentos de avaliação que contemplam os seguintes aspectos: Inteligência, Atenção Personalidade, Comportamento, Funcionalidade e Fontes complementares de informação.

Testes Psicológicos: principais a serem utilizados

Um teste psicológico é definido como uma medida objetiva e padronizada para avaliar as características comportamentais de uma pessoa sendo tarefas pré-definidas. Os testes podem ser divididos em testes psicométricos e testes projetivos, sendo o primeiro baseado na medida, com resultados objetivos e numéricos, utilizando a estatística, e o segundo baseia-se na descrição e caracterização das respostas do indivíduo. Os testes projetivos não seguem uma forma estruturada, mas sim respostas livres, distinguindo dos testes psicométricos que são padronizados, com respostas fechadas que são dadas através de escalas. Os testes avaliam a capacidade de aptidão geral, aptidões específicas, psicomotricidade, personalidade, atitudes e valores (Pasquali, 2016).

A padronização do teste psicológico refere-se à uniformidade na aplicação dos testes, validade e precisão, bem como, as condições durante a testagem, relacionado ao ambiente, luminosidade e conhecimento do profissional que irá realizar a avaliação. Já a normatização é definida como a uniformidade na interpretação dos resultados de acordo com as tabelas, percentis e escores (Ambiel et al, 2016).

Define-se o uso dos testes psicológicos como eficientes pelo tempo necessário de aplicação serem reduzidos e também pela capacidade objetiva de seguirem padrões de fidedignidade e validade. Ainda, ressalta-se a importância do Psicólogo em manter-se atualizado quanto aos testes psicológicos e processo de avaliação, salientando a consulta no Sistema de Avaliação de Testes Psicológicos (SATEPSI) antes iniciar qualquer processo de avaliação. Ainda, deve possuir domínio na aplicação, levantamentos dos resultados e interpretação dos mesmos obtidos nos testes (Urbina, 2007 *apud* Hutz, Bandeira & Trentini, 2016).

Na pesquisa do SATEPSI pode-se observar o esquema que auxilia na escolha dos instrumentos para realizar as avaliações, de forma geral:

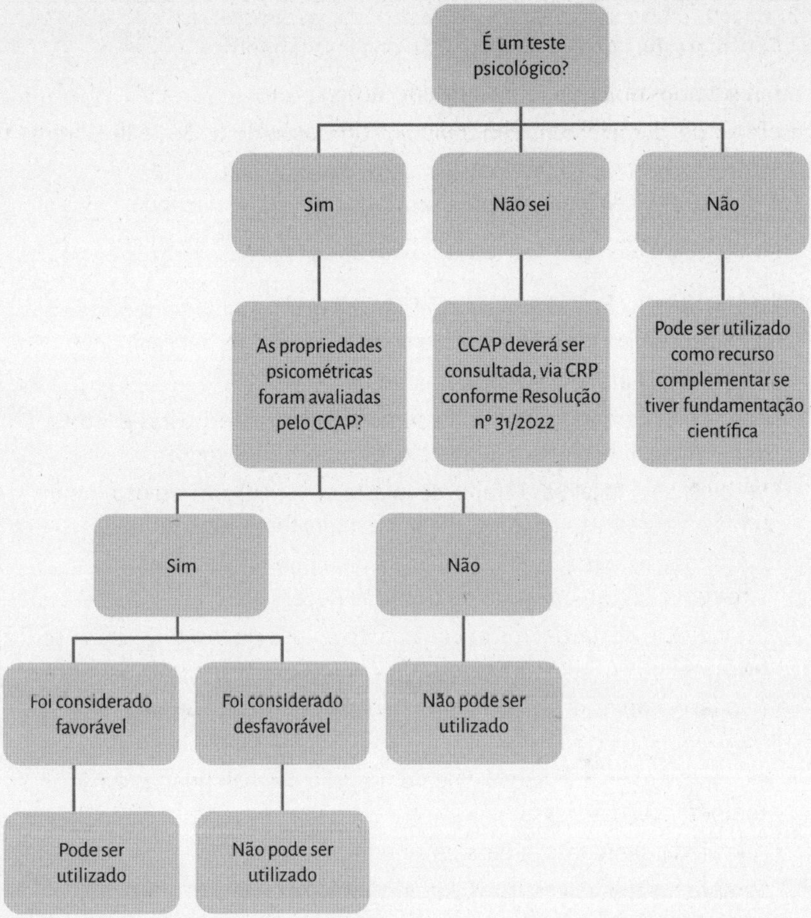

Fonte: CFP (2023).

Aplicação de instrumentos psicológicos: cuidados na aplicação essenciais

Torna-se essencial revisar sobre cuidados na aplicação dos instrumentos, com o objetivo de relembrar todos os procedimentos nas avaliações, principalmente durante a aplicação. Desta forma, é importante fazer uma leitura das recomendações, como forma de auxiliar o profissional na realização das mesmas. Assim como, não esquecer a leitura dos manuais que apresentam características próprias de cada teste, que devem ser seguidas.

Considerações ANTES da aplicação dos instrumentos:

- Cientificar-se dos objetivos da aplicação.
- Fazer um planejamento do tempo da aplicação de testes, e levar em consideração todos os aspectos.
- Familiarizar-se com o material utilizado bem como o manual podendo assim oferecer respostas para as questões levantadas pelos avaliados.
- Verificar se os avaliados apresentam alguma dificuldade de saúde e/ou outros impedimentos, clareza sobre o motivo da aplicação.
- Fazer leitura previamente das instruções.
- Conferir se tem os materiais (cadernos, folhas de respostas e lápis) em número suficiente e em condições de uso para todos.
- Verificar se o local para a aplicação está em condições de uso, sem ruídos excessivos, com iluminação e em um local arejado.
- Avisar que está realizando avaliação, para que não ocorram interrupções com um aviso na porta, se necessário.
- Estar ciente dos aspectos éticos quanto ao uso de testes verificar se favorável no SATEPSI.
- Não fazer cópias de material protegido por Direitos Autorais.
- Não ensinar ou treinar os itens do teste (somente dos itens exemplos), pois isso causa uma deturpação das habilidades e competência das pessoas.
- Não ajudar uma pessoa para obter bons escores.
- Sempre manter os gabaritos e grades de respostas, bem como os protocolos de testes em lugar seguro.
- Não modificar instruções da administração do material para adaptar a uma situação em particular (por exemplo: ler os itens dos testes para uma pessoa, definir palavras específicas num item, ou encorajar uma pessoa a reconsiderar sua resposta).

Avaliar criteriosamente os testes antes de usá-los com a finalidade de detectar erros, rasuras etc.

- Conhecer os objetivos e as limitações do uso dos testes.
- Ter cuidados quanto aos objetivos do instrumento, por exemplo: avaliações clínicas feitas por um teste não clínico.
- Compreender os níveis dos resultados e as diversas normas dos instrumentos.

Conhecer os pressupostos da validade que nortearam a construção dos instrumentos.

- Escolher instrumentos em número suficiente para avaliar comportamentos para um objetivo específico (por exemplo: avaliação clínica).
- Conferir mais que uma vez durante a apuração dos resultados para verificar erros.
- Seguir fielmente as instruções dos manuais dos instrumentos para obter os resultados.
- Estabelecer rapport com os examinandos para obter resultados exatos.
- Seguir instruções de tempo exatas especialmente para testes curtos e rápidos.
- Evitar responder com maiores detalhes do que os permitidos pelo manual.
- Não aceitar pressões quanto a utilização de determinados instrumentos a fim de reduzir custos ocasionando prejuízos na qualidade técnica.

Fonte: Adaptado de Alchieri (2003)

DURANTE a aplicação dos instrumentos considerar:

- Conferir se todos candidatos estão presentes, retardar alguns minutos, se possível, a aplicação para evitar assim interrupções desnecessárias.
- Passar as instruções constantes no manual do teste rigorosamente, sem apresentar uma postura rígida e estereotipada.
- Não transmitir as instruções de memória, ter consigo sempre um resumo das instruções do teste.
- Aplicar os testes de maneira objetiva mostrando tranquilidade, evitando com isto o aumento desnecessário da ansiedade dos candidatos.
- Iniciar aplicação do teste, somente todos os candidatos tenham a clareza do que irão fazer.
- Não se deter, após o início da aplicação, no teste de um determinado examinando por muito tempo.
- Não sair da sala da aplicação.
- Procurar não conversar durante a aplicação.

- Andar pela sala silenciosamente, para se necessário substituir algum material e responder alguma pergunta (desde que permitido no teste).
- No término da aplicação, recolher os materiais não permitindo que os candidatos observem o material um do outro.
- Revisar os testes para ver se os cabeçalhos estão todos preenchidos.
- Verificar que cada examinando segue as ordens para que os resultados dos testes sejam exatos.

Fonte: Adaptado de Alchieri (2003)

Considerações APÓS a aplicação dos instrumentos:

- Realizar anotações após a aplicação qualquer fato que tenha lhe chamado à atenção.
- Colocar o material em pastas ou envelopes para proteger os protocolos.
- Guardar o material organizado por grupo com as informações do nome do teste, do examinador, da data de aplicação e de observações pertinentes.
- Verificar se algum candidato que não compareceu a aplicação.
- Revisar sempre a correção do material, mais que uma vez.
- Na transcrição dos resultados e de somas.
- Descrição dos instrumentos utilizados.

Fonte: Adaptado de Alchieri (2003)

Os instrumentos psicológicos que podem ser usados para avaliação psicológica psicossocial, são para avaliar diferentes tipos de atenção, raciocínio lógico, traços de personalidade, interações no contexto de trabalho, assim como, escalas e inventários para investigar possíveis estados psicológicos. Foram selecionados os instrumentos mais utilizados na pratica das autoras do livro, no entanto o psicólogo é livre para fazer suas escolhas, consultando o Satepsi para verificar se o instrumento está favorável.

- Avaliação Psicológica Psicossocial: Constructos avaliados
  - Inteligência
  - Atenção
    - Concentrada
    - Dividida
    - Alternada
  - Memória
  - Personalidade
  - Comportamento
  - Aspectos emocionais
  - Funcionalidade

Inteligência e Instrumentos para avaliação da Inteligência

A inteligência é um dos construtos mais investigados na ciência psicológica e para a maioria dos pesquisadores da área, seu conceito está relacionado com a capacidade para aprender relações, utilizando conhecimentos prévios ou apenas o raciocínio (Almeida, 1994). Laros e colaboradores identificam três caminhos ou enfoques diferentes para se estudar a inteligência. São eles:

1. Enfoque experimental, que se preocupa em compreender como funciona a inteligência, apoiando-se nas operações do sistema cognitivo, como atenção, percepção e abstração;
2. Enfoque diferencial, que se interessa por identificar as aptidões e capacidades cognitivas que constituem a causa das diferenças individuais no que se refere ao rendimento cognitivo. As teorias psicométricas surgem a partir desse enfoque de estudo empírico da inteligência; e, por fim,
3. Enfoque evolutivo, que foca na maneira como se constitui a Inteligência em função do processo de crescimento e de desenvolvimento ontogenético.

Na abordagem Wechsler, o autor propôs que a inteligência seria como uma entidade global e ao mesmo tempo única, baseando seu conceito em habilidades específicas que são mais ou menos complexas e qualitativamente distintas. Ele sustentava que a inteligência é parte da expressão de toda a personalidade.

Avaliar a inteligência em trabalhadores torna-se de suma importância para compreender as potencialidades e dificuldades daqueles sujeitos. Em alguns casos, é difícil identificar déficits pré-existentes, já que para determinados trabalhos industriais ou braçais, normalmente são selecionados trabalhadores para cargos que não exigem qualificação profissional e, que geralmente envolvem exposições a riscos, indivíduos cujo nível de escolaridade é baixo, o que pode camuflar deficiências intelectuais anteriores ao ingresso ao trabalho.

Principais instrumentos de avaliação da capacidade intelectiva

Teste Matrizes de Inteligência Geral Não verbal - MIG: é considerado um instrumento de medida de inteligência geral não-verbal que tem propósito avaliar aspectos do raciocínio geral em adolescentes e adultos. Esta aptidão se relaciona com a inteligência fluida, que se refere a capacidade para relacionar ideias, resolver problemas novos, induzir conceitos abstratos e usar analogias para compreender as diferenças entre estímulos e conceitos. A tarefa compõe 28 exercícios (itens), diagramados em matrizes, em que a pessoa deverá buscar, entre as alternativas apresentadas, aquela que considera mais adequada para completar o raciocínio implícito em cada exercício proposto. Os estudos do desenvolvimento de evidências de validade e precisão, bem como normas específicas de interpretação, foram coletados entre os anos de 2013 e 2019. Os dados foram coletados, nas regiões Sul, Sudeste e Nordeste, com ênfase para os estados de Minas Gerais, São Paulo, Bahia, Rio de Janeiro e Santa Catarina, a população alvo é de 15 a 64 anos (consultar o SATEPSI, para obter atualização das idades). A aplicação pode ser realizada coletiva ou individual, de acordo com instruções de aplicação, apuração e interpretação. As instruções devem ser seguidas rigorosamente. O tempo de aplicação é de 6 minutos para responder aos itens. O tempo total de aplicação seja cerca de 15 minutos, já incluídas as instruções e os exemplos. Este instrumento tem uma característica favorável para esta finalidade, que é o tempo de aplicação do teste de 6 minutos (Rabelo, Portugal, Cruz, Castro, Landeira-Fernandez, & Anunciação, 2021).

Teste Não Verbal de Inteligência Geral – BETA-III (subtestes: Raciocínio Matricial e Códigos): propõem avaliar o raciocínio geral e a velocidade de processamento. O contexto de avaliação para aplicação deste instrumento pode ser no contexto educacional, forense, trânsito, educacional e demais áreas que seja necessário a avaliação da cognição. A aplicação pode ser de forma individual ou coletiva, em indivíduos de 14 a 83 anos com escolaridade mínima do Ensino Fundamental. O tempo de aplicação do subteste Raciocínio Matricial é de 5 minutos e o subteste Códigos é de 2 minutos. A interpretação do subteste Raciocínio Matricial é realizada de acordo com as tabelas normativas da amostra geral, sexo, faixa etária, sendo dividida nas idades: até 25 anos, entre 26 e 36 anos e acima de 37 anos, tabela de escolaridade (Ensino Fundamental, Ensino Médio e Ensino Superior) e por região (Sul; Sudeste; Centro-Oeste, Norte e Nordeste), além de apresentar separadamente tabelas para os estados: Bahia, Paraná, Rio de Janeiro, São Paulo e Santa Catarina. Já no subteste Códigos, as tabelas são para amostra geral, sexo, faixa etária, dividida em: até 36 anos e acima de 37 anos, tabela de escolaridade dividida em: Ensino Fundamental/Médio e Ensino Superior), por regiões (Sul; Sudeste; Centro-Oeste, Norte e Nordeste) e tabelas dos estados: Bahia, Paraná, São Paulo e Santa Catarina. Este teste tem correção informatizada (Rabelo, Pacanaro, Leme, Ambiel, & Alves, 2011).

Teste de Matrizes de Viena (WMT-2): tem como objetivo avaliar a capacidade de inteligência não verbal do indivíduo através da resolução de 18 problemas de raciocínio lógico. A faixa etária para aplicação do instrumento é de 14 a 64 anos de idade, podendo ser aplicado individualmente ou coletivamente. Há duas possibilidades para aplicação do teste: com tempo limite de 30 minutos e com tempo livre, sendo utilizado nos contextos clínico, organizacional e de trânsito. A interpretação é de acordo com as tabelas normativas de sexo e tempo limite; adolescentes de 14 e 15 anos do 9° ano do Ensino Fundamental e 1° ano do Ensino Médio com tempo limite (tabela para o sexo feminino e tabela para o sexo masculino); adolescentes de 16 e 17 anos do 2° e 3° ano do Ensino Médio com tempo limite; adultos de 18 a 25 anos com tempo limite, independente da escolaridade; adultos de 18 a 25 anos, com tempo limite e escolaridade Ensino Superior Incompleto; adultos de 26 a 39 anos, com tempo limite, independente da escolaridade; adultos de 26 a 39 anos com tempo limite e escolaridade Superior Completo; adultos de 26 a 39 anos, com tempo limite e escolaridade Ensino Superior Incompleto; adultos de 40 a 69 ano com tempo limite, independente da escolaridade; adultos de 40 a 69 anos com limite de tempo e escolaridade Ensino Superior Completo e indivíduos de 14 a 69 anos com tempo livre, independente da escolaridade. Este teste tem correção informatizada e pode ser realizado de forma on-line pela plataforma HTS-5 da editora Hogrefe (Waldherr, 2014).

Escala Wechsler Abreviada de Inteligência (WASI) (Trentini, Yates & Heck,2014): tem como objetivo avaliar a inteligência em uma forma breve, fornecendo escores de QI Verbal, QI de Execução e QI Total. O instrumento é composto por quatro subtestes, denominados: Vocabulário, Cubos, Semelhanças e Raciocínio Matricial. Destinando para indivíduos de 6 a 89 anos de idade, sendo aplicado de forma individual, com o tempo total de aproximadamente 30 minutos para aplicação de todos os subtestes. A tabela de Escala Total é apresentada com o escore dos quatro subtestes, e também na forma reduzida (se for o caso da aplicação), com a Escala Total do escore de dois subtestes (Vocabulário e Raciocínio Matricial). Este instrumento pode ser utilizado em casos de afastamento do trabalho por doença, ou outros casos em que a avaliação cognitiva é dedicada. Este teste tem correção informatizada.

Mini Exame de Estado Mental - 2ª edição (MMSE-2) (Folstein, Folstein, White & Messer, 2018), a primeira edição foi elaborada por Folstein et al (1975): é um instrumento mais utilizado como rastreio no mundo para investigar o funcionamento cognitivo geral. Avalia a orientação temporal e espacial, memória de curto prazo (imediata ou atenção) e evocação, cálculo e habilidades viso- espaciais e praxia construtiva. Esse instrumento pode ser usado isoladamente ou ser incorporado a baterias de testes, permitindo o rastreio de quadros demenciais, o acompanhamento evolutivo de doenças e avaliação de respostas aos tratamentos. Auxilia como instrumento de triagem e acompanhamento de diferentes tipos de situações, já que é de fácil aplicação e rápida correção, em torno de 5 minutos. Apresenta relevância clínica e pode ser utilização por diferentes profissionais na área da saúde. O tempo de aplicação é de 5 a 20 minutos e a faixa etária é dos 18 aos 100 anos. Pode ser aplicado por médicos, estudantes de medicina, psicólogos, enfermeiros, estudantes de enfermagem, assistentes sociais e pesquisadores treinados. O MMSE-2 é apresentado em duas versões, o examinador deve julgar qual versão usar e quando proceder com um exame adicional. Tem a versão padrão de 10-15 minutos e Versão expandida 20 minutos.

Instrumentos para avaliação da Atenção e Funções Executivas

Teste d2-R: Atenção Concentrada – Revisado: tem como objetivo avaliar a capacidade de atenção concentrada, no que se refere ao desempenho da concentração, velocidade na execução do teste, qualidade da atenção, rapidez na tarefa. A faixa etária para aplicação é em sujeitos de 7 a 76 anos de idade com nível de escolaridade a partir do Ensino Fundamental até nível Superior. O tempo de aplicação é de 4 minutos e 40 segundos. As tabelas normativas destinam-se para o Ensino Fundamental, Ensino Médio e Ensino Superior e por idade (Brickenkamp, Schmidt-Atzert & Liepmann, 2018). Este teste tem correção informatizada e pode ser realizado de forma on-line pela plataforma HTS-5 da editora Hogrefe.

Bateria Rotas de Atenção: é composta por três testes – Teste de Atenção Concentrada (ROTA C), Teste de Atenção Dividida (ROTA D) e Teste de Atenção Alternada (ROTA A) e objetiva investigar a capacidade atencional do sujeito para realizar uma determinada tarefa por um período específico. Para isso, são utilizados estímulos visuais pictóricos, seguindo um caminho desenhado em material gráfico, denominado de "rota" e trilhado em zigue-zague. Os testes que compõem a bateria podem ser usados isoladamente, de acordo com o tipo específico de atenção a ser avaliada; porém, a Medida Geral de Atenção (MGA) proposta na apuração só pode ser alcançada quando aplicados os três testes de atenção. Pode ser aplicada em indivíduos com idades entre 18 e 65 anos (Consultar SATEPSI sobre expansão da faixa etária), de ambos os sexos e escolaridade variando entre o ensino fundamental e o ensino superior, devendo ser observadas as Tabelas Normativas específicas para interpretação. O tempo limite para a resolução de cada teste é de 2 minutos. Estima-se que, com as instruções e exercício de exemplo de cada teste, o tempo de aplicação total previsto para a bateria completa seja de 20 minutos. A classificação da pontuação pode variar de Inferior a Superior. Permite interpretar o nível de desempenho do respondente em tarefas relacionadas à atenção, em cada um dos testes que compõem a bateria. Pode ser corrigido manualmente ou pela plataforma de correção informatizada (www.nilapress.com.br) (Rabelo, Cruz, & Castro, 2020). Os testes que compõe a bateria:

Teste de Atenção Concentrada (Rota C): Propõe mensurar a capacidade do indivíduo de manter a atenção concentrada no trabalho realizado durante um período determinado, selecionando apenas uma fonte de informação diante de vários estímulos distratores. Para a realização do teste, o respondente deverá assinalar todos os objetos idênticos ao desenho de um estímulo inicial (alvo), seguindo um caminho denominado de "rota" e trilhado em zigue-zague, até o final deste ou término do tempo, em ordem sequencial e em meio a outros estímulos distratores. Pode ser aplicado individual ou coletivamente e o tempo limite para a sua execução é de dois minutos.

Teste de Atenção Dividida (Rota D): Objetiva fornecer uma medida da capacidade do indivíduo de dividir a atenção sob controle de diferentes estímulos, ou seja, de executar mais de uma ação de marcação de estímulos diferentes, simultaneamente. No caminho trilhado em zigue-zague (rota), devem ser assinalados os dois estímulos-chave até o final da rota ou término do tempo, de maneira que o respondente tenha que dividir sua atenção para selecionar adequadamente cada um dos dois estímulos-alvo em meio a outros distintos símbolos distratores. O tempo limite para a execução da tarefa é de dois minutos. O Teste de Atenção Dividida pode ser utilizado de forma individual ou coletiva.

Teste de Atenção Alternada (Rota A): Objetiva avaliar a capacidade do sujeito de focar a atenção ora em um estímulo, ora em outro, ou seja, de alternar sua atenção ao procurar os estímulos-alvo e desconsiderar os estímulos distratores. O respondente deverá assinalar todos os símbolos idênticos ao estímulo-alvo até que este seja modificado, passando então a assinalar os símbolos correspondentes ao novo alvo. Ele deve continuar o processo em ordem sequencial até o final da rota ou término do tempo em meio a diversos símbolos distratores. O Teste pode ser aplicado individual ou coletivamente e seu tempo de execução é de dois minutos.

Teste dos Cinco Dígitos (FDT): busca medir a velocidade de processamento, as funções executivas e atenção, permitindo avaliar a capacidade do indivíduo em focar e reorientar sua atenção e a capacidade de lidar com interferências. O teste pode ser aplicado em crianças a partir dos 6 anos de idade até idosos de 92 anos, sendo realizada a aplicação de forma individual, com duração entre 5 e 10 minutos. O resultado do teste é obtido através do tempo realizado e a quantidade de erros do sujeito, consultando através das tabelas de faixas etárias que abrangem o público-alvo do teste (Sedó, 2015).

Escala de Avaliação de Disfunções Executivas de Barkley (BDEFS): visa avaliar déficits das Funções Executivas (FE) nas atividades do dia a dia em adultos. As funções executivas podem ser denominadas como capacidades que permitem que a pessoa se envolva positivamente em um comportamento independente, proposital e auto orientado. As funções estão associadas à memória de trabalho, planejamento, solução de problemas, auto monitoramento, controle de interferência e automotivação. O instrumento é destinado para adultos entre 18 e 70 anos de idade, podendo ser aplicado de forma individual ou coletiva. O tempo de aplicação é de 15 a 20 minutos na versão longa e de 5 minutos na versão curta, não havendo tempo limite para cada. A versão longa do teste é composta por 89 itens divididos em cinco fatores: Gerenciamento de Tempo, Organização/Resolução de Problemas, Autocontrole, Motivação c Regulação Emocional. A versão curta é composta por 20 itens, sendo quatro itens para cada fator. As tabelas normativas para versão longa são de acordo com a tabela de idade, tabela de escolaridade e idade para obter os escores de cada fator separadamente e escore total. Para versão curta, apresenta-se uma tabela de acordo com a idade, dividido em escore total e sintomas (Godoy, 2018).

MEMORE - Teste de Memória de Reconhecimento (Rabelo, Cruz & Castro, 2020): objetiva avaliar a memória visual de reconhecimento de curto prazo, que se refere à capacidade de identificar um estímulo, informação ou objeto como algo anteriormente já visto, retido por um breve período. A tarefa proposta consiste em memorizar círculos coloridos por 1 minuto e reconhecê-los após uma atividade distratora padronizada. Pode ser aplicado em pessoas de ambos os sexos, na faixa etária de 14 a 61 anos (Consultar SATEPSI sobre expansão da faixa etária), com escolaridade entre ensino fundamental até o nível superior. Para a utilização, são necessários: manual, caderno de aplicação, folha de respostas, crivo de correção, caneta e cronômetro. A ficha de memorização dos estímulos já está contida no próprio caderno de aplicação. A aplicação pode ser coletiva ou individual. As instruções contidas na seção "Instruções de aplicação, apuração e interpretação" devem ser seguidas rigorosamente, conforme orientação do CFP sobre padronização na aplicação. Estima-se que, com as instruções e exercício de exemplo, o tempo de aplicação total do teste seja de, aproximadamente, 10 minutos. Pode ser corrigido manualmente ou pela plataforma de correção informatizada (www.nilapress.com.br). Pode ser aplicado em pessoas com baixa escolaridade até o nível superior. Há tabelas de normas brasileiras adaptadas a diferentes contextos. O teste apresenta-se discriminativo entre grupos de baixa e alta habilidade mnemônica. O instrumento pode ser utilizado em situações nas quais há necessidade de avaliação da memória de reconhecimento visual de curto prazo, tanto para rastreio (*screening*) inicial, quanto para outras finalidades.

Instrumentos para avaliação da Personalidade e aspectos psicossociais

Inventário de Sintomas de Stress para Adultos de Lipp – Revisado (ISSL-R), é considerado um instrumento para avaliação de sintomas de stress. A interpretação de seus resultados é por meio do modelo quadrifásico stress no qual são elencadas as fases de progressão dos sintomas: fases de Alerta, Resistência, Quase-exaustão e Exaustão onde foram encontradas evidências suportando a divisão das categorias percentílicas em quatro faixas. O ISSL-R pode ser utilizado para avaliação de indivíduos adultos ou jovens com mais de 15 anos, alfabetizados ou não. O tempo de aplicação dura cerca de 10 minutos, que poder ser realizada tanto individual como coletivamente. No caso de pessoas não alfabetizados, o aplicador deve fazer a leitura e marcar as respostas que o examinando fornecer oralmente para cada item. Apesar da aplicação ser fácil e prática, a interpretação dos resultados somente deve ser realizada por um profissional psicólogo que esteja familiarizado com os conceitos de stress e suas implicações para a saúde mental e física, sobretudo, no que se refere a manifestações psicossomáticas. O ISSL-R pode ser utilizado para os mais diversos fins, como mapeamento de nível de stress e sua sintomatologia característica, stress em indivíduos ou grupos, classificação diagnóstica em níveis de severidade de sintomas, planejamento de intervenções referentes ao stress, monitoramento e acompanhamento. Assim, o ISSL-R objetiva: (a) identificar a presença de sintomas que caracterizam o stress, definido como um estado de desequilíbrio do funcionamento desenvolvido diante de situações de desafio que levam o organismo a utilizar seus recursos psicobiológicos para lidar com eventos que exijam uma ação mobilizadora; (b) investigar a gravidade do quadro apresentado, ou seja, em que fase do processo do stress a pessoa se encontra em termos do quão severa é a sintomatologia apresentada (a saber: fases de Alerta, Resistência, Quase-exaustão ou Exaustão). A aplicação pode ser realizada individual ou coletivamente. O ambiente para a aplicação do teste deve ser iluminado, silencioso e confortável para a acomodação dos respondentes. Há suporte informatizado para correção. O ISSL-R é uma ferramenta de avaliação psicológica e pode ser utilizado nos diversos contextos em que for necessária a avaliação do stress, como clínico, hospitalar e organizacional. No caso da avaliação das Normas Regulamentadoras é indicado principalmente porque os sintomas de stress em graus elevados, podem causar prejuízos e riscos a si e a terceiros na execução de tarefas que envolvam riscos psicossociais (Lipp, 2022).

Escala de Pensamentos Depressivos (EPD): tem como objetivo avaliar o quanto o sujeito apresenta distorções sobre si e o futuro, ou ainda o quão funcional é sua percepção a respeito dos demais. Esta escala é um instrumento autoaplicável, contendo 26 itens para serem respondidos com 3 opções de respostas, possuindo dois fatores de análise: Fator 1 – Baixa autoestima/desesperança e Fator 2 – Funcionalidade das relações. Este instrumento é destinado para pessoas entre 18 anos a 59 anos de idade, podendo ser aplicado de forma individual ou coletiva, com tempo limite de 20 minutos. Os resultados brutos são transformados em percentis de acordo com as tabelas destinadas para cada fator (Carneiro & Baptista, 2015).

Inventário de Depressão de Beck (BDI-II): tem como objetivo medir a intensidade da depressão. É destinado para indivíduos a partir dos 13 anos de idade, podendo ser aplicado de forma individual ou coletiva. Não há tempo limite para aplicação do instrumento, mas a média de preenchimento é de 5 a 10 minutos. O teste é composto por 21 itens, sendo que cada um deles apresenta sintomas e atitudes depressivas, descritos como: tristeza, pessimismo, sentimento de fracasso, insatisfação, culpa, punição, auto aversão, autoacusações, ideias suicidas, choro, irritabilidade, retraimento social, indecisão, mudança na autoimagem, dificuldade de trabalho, insônia, fatigabilidade, perda de apetite, perda de peso, preocupações somáticas e perda da libido. A interpretação dos resultados é realizada de acordo com a soma das respostas que o sujeito marcou. As tabelas normativas são por gênero e grupo de São Paulo e Porto Alegre, sendo dividido em: pré-adolescentes, adolescentes, universitários, adultos e idosos da cidade de São Paulo; e pacientes psiquiátricos, clínicos e não clínicos de Porto Alegre. Ainda, apresenta tabelas de acordo com a idade e escolaridade (analfabeto, alfabetizado, ensino fundamental, ensino médio, ensino superior incompleto e completo) (Gorenstein, Argimon, Wang & Werlang, 2014).

Escala de Suporte Laboral (ESUL): propõe avaliar a percepção dos colaboradores sobre o suporte no contexto do trabalho, com ênfase nas interações sociais e condições materiais oferecidas pela empresa. Essas ênfases são classificadas em duas dimensões, sendo a Dimensão 1 – Interação e Dimensão – 2 Benefícios. A aplicação pode ser feita em sujeitos de 17 a 71 anos de idade, individualmente ou coletivamente, sem limite de tempo, mas possuindo uma média de 15 minutos. Para obter os resultados, existem três tabelas de acordo com o ramo de atuação, sendo: Grupo Comércio, Grupo Indústria e Grupo Prestação de Serviços, onde cada tabela apresenta resultado para as dimensões, obtendo o resultado da Dimensão 1 – Interação e Dimensão – 2 Benefícios separadamente (Cardoso, Baptista, Santos, Noronha, & Santos, 2016).

Escala de Percepção de Suporte Social – Adulto (EPSUS-A): propõe avaliar o quanto as pessoas percebem as relações sociais nos termos de afetividade, interações sociais, auxílios de ordem prática no processo de tomada de decisões e enfrentamento de problemas. O instrumento não possui tempo limite para aplicação, possuindo uma média de 20 minutos, podendo ser aplicada de forma individual ou coletiva. O instrumento é destinado para adultos entre 18 anos a 62 anos de idade. São avaliados quatro fatores: Fator 1 – Afetivo, Fator 2 – Interações Sociais, Fator 3 – Instrumental e Fator 4 – Enfrentamento de Problemas. As tabelas para apuração dos resultados são de acordo com amostra total e sexo em cada um dos fatores e total, sendo este a soma de todos os fatores (Cardoso & Baptista, 2016).

Inventário Fatorial de Personalidade (IFP-II): tem como objetivo avaliar a personalidade do indivíduo em 13 fatores: Assistência (necessidade de ser útil aos outros), Intracepção (tendência a deixar-se conduzir por sentimentos, fantasia e imaginação), Afago (necessidade de buscar e receber apoio), Autonomia (necessidade de ser livre de responsabilidades e obrigações), Deferência (expressar desejo de admirar e dar suporte a um superior), Afiliação (necessidade de formar amizades fortes, dar e receber afeto), Dominância (tendência a expressar sentimentos de autoconfiança e desejo de controle sobre os outros), Desempenho (desejo de realizar algo difícil, realizar coisas de forma independente e rápida), Exibição (necessidade de ser o centro das atenções em um grupo), Agressão (tendência a expressar o desejo de superar com vigor e violência a oposição), Ordem (necessidade de planejar bem e ser organizado), Persistência (tendência de levar até o final qualquer trabalho iniciado) e Mudança (necessidade de buscar novas experiências e evitar rotina). O instrumento é destinado para sujeitos entre 14 e 86 anos de idade, com escolaridade a partir do Ensino Fundamental até Ensino Superior Completo. Não há limite de tempo para aplicação, possuindo uma média de 20 minutos, podendo ser aplicado de forma individual ou coletiva. O teste é composto por 100 frases relacionadas a gostos, sentimentos e jeito de ser, possuindo uma escala de intensidade que deve ser usada para responder cada item. A correção pode ser feita manualmente ou pelo sistema de correção informatizada. As tabelas de normatização são para amostra geral e sexo (Leme, Rabelo & Alves, 2013).

Bateria Fatorial de Personalidade (BFP): tem como objetivo avaliar a personalidade a partir de cinco dimensões: Extroversão, Socialização, Realização, Neuroticismo e Abertura a experiências. O teste é composto por 126 que serão respondidos de acordo com uma escala de 1 a 7, sendo que o número 1 descreve que a frase apresentada não tem nada a ver com a pessoa e o número 7, destaca que a frase descreve a pessoa completamente. Os números utilizados para resposta são entre 1 e 7, respondendo de acordo com a intensidade do que tem a ver com a pessoa, seguindo a lógica de que quanto maior o número, mais tem a ver, e quanto menor o número, menos tem a ver. Dentro das cinco dimensões avaliadas, destacam-se os itens avaliados em cada uma delas como: o item Neuroticismo contêm os aspectos da depressão, instabilidade emocional, vulnerabilidade e passividade; o item Extroversão contempla os fatores de interações sociais, altivez, nível de comunicação e dinamismo/assertividade; o item Socialização abrange os aspectos de amabilidade, confiança e pró-sociabilidade; no item Realização, destaca-se a competência, ponderação e empenho; por último, destaca-se o item Abertura através dos itens abertura de ideias, liberalismo e busca por novidades. O instrumento pode ser aplicado de forma individual ou coletiva, sem tempo limite para aplicação, mas a média é de 40 minutos. A aplicação é realizada em adolescentes e adultos com Ensino Médio Completo ou cursando. A correção pode ser informatizada, possuindo tabelas de normatização para amostra geral em cada dimensão e tabelas para sexo em cada dimensão (Nunes, Hutz & Nunes, 2010).

Z-Teste Coletivo e Individual – Técnica de Zulliger: propõe avaliar os construtos psicológicos básicos: capacidade de desempenho, objetividade, ansiedade, depressão, controle geral e emocional, funcionamento do pensamento lógico, integração humana e demais aspectos da personalidade. O instrumento destina-se para sujeito com escolaridade a partir do Ensino Médio, podendo ser aplicado individualmente ou de forma coletiva. O tempo de realização do teste é livre. Os procedimentos para administração coletiva e individual são diferentes, porém, os critérios para interpretação das respostas seguem a mesma linha. O teste é composto por três imagens, que são manchas de tintas não estruturadas projetadas para obter associações e a percepção do indivíduo, espelhando situações internas do mesmo, no seu modo de tomar decisões, tendência a determinadas atitudes, maneira de pensar e sentir e relações interpessoais. Dessa forma, o levantamento para correção é interpretado através da classificação de categorias, localizações, determinantes, conteúdos e fenômenos especiais. Citam-se os contextos para utilização do instrumento na área organizacional, seleção e promoção de pessoal e concurso público (Vaz & Alchieri, 2016). O teste tem correção informatizada.

Sistema de Avaliação por Performance no Rorschach (R-PAS): tem como objetivo observar o desempenho comportamental do indivíduo na solução de problemas visuais, cognitivos e perceptivos exigentes (personalidade). A aplicação do teste é padronizada, durando em torno de 90 minutos. Deve ser aplicado individualmente, em indivíduo desde crianças até adultos. O instrumento é apresentado através de uma série de dez estímulos de manchas de tinta, onde o sujeito articula as soluções das imagens à pergunta "O que poderia ser isto?". O sistema apresenta um sistema simplificado e uniforme de terminologia, símbolos, cálculos e apresentação de dados. A correção pode ser realizada informatiza, fornecendo um programa de codificação para interpretação dos códigos (Meyer, Viglione, Mihura, Erard & Erdberg, 2017). O teste tem correção informatizada. Este instrumento é indicado para casos de psicopatologias para afastamento e retorno ao trabalho.

As Pirâmides Coloridas de Pfister: avalia aspectos da personalidade, destacando a dinâmica afetiva e indicadores relativos a habilidades cognitivas do indivíduo. O teste contém três cartelas com o esquema de uma pirâmide e quadrículos coloridos em 24 tonalidades de 10 cores, onde o sujeito deve construir essas três pirâmides com as cores dos quadrículos. O teste não possui tempo limite, deve ser aplicado individualmente em indivíduos de 18 a 66 anos de idade. Para interpretação do instrumento, avalia-se o processo de execução, modo de colocação e o aspecto formal de cada pirâmide. Além disso, analisa-se o aspecto formal no conjunto das três pirâmides e a análise das cores que foram utilizadas, sendo estas que constituem a base da capacidade de contato afetivo e de aproximação afetiva com o ambiente. O instrumento possui correção informatizada (Villemor-Amaral, 2020).

O Teste Palográfico na Avaliação da Personalidade (2019), trata-se de um teste que avalia a personalidade por meio do comportamento expressivo. Criado por Salvador Escala Milá no Instituto Psicotécnico de Barcelona, na Espanha, o teste psicológico Palográfico foi desenvolvido e difundido no Brasil por Agostinho Minicucci. A primeira edição do teste no Brasil foi publicada pela Vetor Editora em 1976. Posteriormente, outras edições e livros complementares relativos à fundamentação teórica foram publicados. Sua aplicação é muito simples e rápida, mas sua avaliação e interpretação exigem um certo grau de preparação e experiência do psicólogo com a técnica. A correção é realizada pela avaliação quantitativa e qualitativa, com base nos traços realizados. Existem estudos de precisão, validade e tabelas em percentis para o público-alvo de acordo com sua escolaridade e sexo. Tem como objetivo avaliar as características de personalidade. A aplicação pode ser individual ou coletiva com limite de tempo. A idade da aplicação é de 18 a 60 anos. O psicólogo que avalia o teste observa diferentes características, como: produtividade, ritmo de trabalho, relacionamento interpessoal, iniciativa, adaptação, organização, agressividade, emotividade, depressão etc. (Alves & Esteves, 2019).

O Inventário Breve de Sintomas (BSI): trata-se de um inventário de autorrelato, possui 53 itens organizados em 9 dimensões (Somatização, Obsessivo-Compulsivo, Sensibilidade Interpessoal, Depressão, Ansiedade, Hostilidade, Ansiedade Fóbica, Ideação Paranoide e Psicoticismo). Essas dimensões são denominadas para refletir os padrões de sintomas psicológicos em pacientes gerais e psiquiátricos. Pode ser utilizado para tomada de decisão em diferentes contextos que tenham como necessidade conhecer o estado psicológico dos respondentes, monitorar o progresso do tratamento e as mudanças que o tratamento causa nos comportamentos e sintomas psicológicos dos pacientes. Indicado para jovens e adultos a partir de 13 anos de idade, sua aplicação e realizada em 8min. O teste possui versão lápis e papel e também aplicação/correção on-line, onde e possível obter os relatórios de interpretação e progresso do paciente (Derogatis, 2019).

Escala dos Pilares da Resiliência (EPR): propõe identificar as características que favorecem uma conduta resiliente do indivíduo, analisando quais delas uma pessoa tem mais ou menos desenvolvidas. Dessa forma, resiliência é definida como a capacidade do sujeito em superar as adversidades da vida e sentir-se fortalecido após uma situação-problema. O instrumento é destinado para adultos acima de 18 anos que possuam escolaridade a partir do Ensino Fundamental. A aplicação pode ser realizada de forma individual ou coletiva, sendo uma escala auto administrável, onde o próprio avaliando a responde. A escala é composta por 90 itens que estão divididos em 11 subescalas, sendo elas: Aceitação positiva de mudança, Autoconfiança, Auto eficácia, Bom humor, Controle emocional, Empatia, Independência, Orientação positiva para o futuro, Reflexão, Sociabilidade e Valores positivos. Desses 90 itens apresentados, 20 estão descritos de forma negativa. Os resultados obtidos são através da soma dos itens de cada subescala (que estão destacados na folha de avaliação), possuindo classificação e interpretação para cada uma. As tabelas de normas estão divididas em amostra total, sexo, sexo feminino e faixa etária (de 18 a 28 anos); (de 29 a 38 anos); (de 39 a 48 anos) e de 49 anos ou mais (Cardoso, 2013). Esta escala tem correção informatizada e pode ser realizado on-line pela plataforma da Vetor Editora.

O SF-36 (Medical Outcomes Study 36 – Item Short – Form Health Survey): considerado um instrumento genérico de avaliação da qualidade de vida, que apresenta facilidade de administração e compreensão. Trata-se de um questionário multidimensional constituído por 36 itens, acoplados em 8 domínios: capacidade funcional, aspectos físicos, dor, estado geral da saúde, vitalidade, aspectos sociais, aspectos emocionais e saúde mental. Os resultados mostram um escore final de 0 (zero) a 100 (cálculo do *Raw Scale*), sendo que o resultado zero corresponde ao pior estado geral de saúde e o 100 corresponde ao melhor estado de saúde.

Sua apresentação é sob a forma de um questionário bem desenhado e suas propriedades de medida, como reprodutibilidade, validade e suscetibilidade a alterações, evidenciados em diversos estudos. Como já foi traduzido para o português do SF-36, com adequação às condições socioeconômicas e culturais da população brasileira, também de sua reprodutibilidade e validade, este instrumento mostra um parâmetro complementar útil que pode ser utilizado para auxiliar na detecção de diferentes patologias (Ciconelli, Ferraz, Santos, Meinão & Quaresma, 1999).

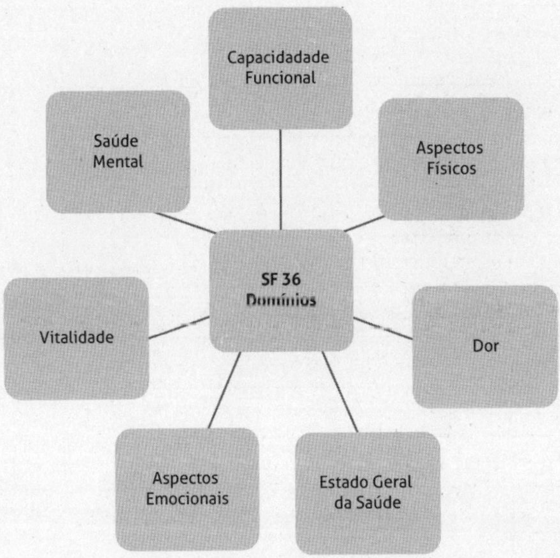

Inventário de Trabalho e Riscos de Adoecimento – ITRA*

Leia os itens a seguir e escolha a alternativa que melhor corresponde à avaliação que você faz do seu contexto de trabalho.

1 Nunca	2 Raramente	3 Às vezes	4 Frequentemente	5 Sempre

O ritmo de trabalho é excessivo	1	2	3	4	5
As tarefas são cumpridas com pressão de prazos	1	2	3	4	5
Existe forte cobrança por resultados	1	2	3	4	5
As normas para execução das tarefas são rígidas	1	2	3	4	5
Existe fiscalização do desempenho	1	2	3	4	5
O número de pessoas é insuficiente para se realizar as tarefas	1	2	3	4	5
Os resultados esperados estão fora da realidade	1	2	3	4	5
Existe divisão entre quem planeja e quem executa	1	2	3	4	5
As tarefas são repetitivas	1	2	3	4	5
Falta tempo para realizar pausas de descanso no trabalho	1	2	3	4	5
As tarefas executadas sofrem descontinuidade	1	2	3	4	5
As tarefas não estão claramente definidas	1	2	3	4	5
A autonomia é inexistente	1	2	3	4	5
A distribuição das tarefas é injusta	1	2	3	4	5
Os funcionários são excluídos das decisões	1	2	3	4	5
Existem dificuldades na comunicação entre chefia e subordinados	1	2	3	4	5
Existem disputas profissionais no local de trabalho	1	2	3	4	5
Falta integração no ambiente de trabalho	1	2	3	4	5
A comunicação entre funcionários é insatisfatória	1	2	3	4	5
Falta apoio das chefias para o meu desenvolvimento profissional	1	2	3	4	5
As informações que preciso para executar minhas tarefas são de difícil acesso	1	2	3	4	5
As condições de trabalho são precárias	1	2	3	4	5
O ambiente físico é desconfortável	1	2	3	4	5
Existe muito barulho no ambiente de trabalho	1	2	3	4	5

O mobiliário existente no local de trabalho é inadequado	1	2	3	4	5
Os instrumentos de trabalho são insuficientes para realizar as tarefas	1	2	3	4	5
O posto/estação de trabalho é inadequado para realização das tarefas	1	2	3	4	5
Os equipamentos necessários para realização das tarefas são precários	1	2	3	4	5
O espaço físico para realizar o trabalho é inadequado	1	2	3	4	5
As condições de trabalho oferecem riscos à segurança das pessoas	1	2	3	4	5
O material de consumo é insuficiente	1	2	3	4	5

Agora escolha a alternativa que melhor corresponde à você faz das ***exigências decorrentes do seu contexto de trabalho.***

1 Nada exigido	2 Pouco exigido	3 Mais ou menos exigido	4 Bastante exigido	5 Totalmente exigido

Ter controle das emoções	1	2	3	4	5
Ter que lidar com ordens contraditórias	1	2	3	4	5
Ter custo emocional	1	2	3	4	5
Ser obrigado a lidar com a agressividade dos outros	1	2	3	4	5
Disfarçar os sentimentos	1	2	3	4	5
Ser obrigado a elogiar as pessoas	1	2	3	4	5
Ser obrigado a ter bom humor	1	2	3	4	5
Ser obrigado a cuidar da aparência física	1	2	3	4	5
Ser bonzinho com os outros	1	2	3	4	5
Transgredir valores éticos	1	2	3	4	5
Ser submetido a constrangimentos	1	2	3	4	5
Ser obrigado a sorrir	1	2	3	4	5
Desenvolver macetes	1	2	3	4	5
Ter que resolver problemas	1	2	3	4	5

Ser obrigado a lidar com imprevistos	1	2	3	4	5
Fazer previsão de acontecimentos	1	2	3	4	5
Usar a visão de forma contínua	1	2	3	4	5
Usar a memória	1	2	3	4	5
Ter desafios intelectuais	1	2	3	4	5
Fazer esforço mental	1	2	3	4	5
Ter concentração mental	1	2	3	4	5
Usar a criatividade	1	2	3	4	5
Usar a força física	1	2	3	4	5
Usar os braços de forma contínua	1	2	3	4	5
Ficar em posição curvada	1	2	3	4	5
Caminhar	1	2	3	4	5
Ser obrigado a ficar em pé	1	2	3	4	5
Ter que manusear objetos pesados	1	2	3	4	5
Fazer esforço físico	1	2	3	4	5
Usar as pernas de forma contínua	1	2	3	4	5
Usar as mãos de forma repetidas	1	2	3	4	5
Subir e descer escadas	1	2	3	4	5

Avaliando o seu **trabalho** nos últimos seis meses, marque o número de vezes em que ocorrem as ***vivências** abaixo descritas*.

0 Nenhuma vez	1 Uma vez	2 Duas vezes	3 Três vezes	4 Quatro vezes	5 Cinco vezes	6 Seis ou mais vezes

Liberdade com a chefia para negociar o que precisa	0	1	2	3	4	5	6
Liberdade para falar sobre o meu trabalho com os colegas	0	1	2	3	4	5	6
Solidariedade entre os colegas	0	1	2	3	4	5	6

Confiança entre os colegas	0	1	2	3	4	5	6
Liberdade para expressar minhas opiniões no local de trabalho	0	1	2	3	4	5	6
Liberdade para usar a minha criatividade	0	1	2	3	4	5	6
Liberdade para falar sobre o meu trabalho com as chefias	0	1	2	3	4	5	6
Cooperação entre os colegas	0	1	2	3	4	5	6
Satisfação	0	1	2	3	4	5	6
Motivação	0	1	2	3	4	5	6
Orgulho pelo que faço	0	1	2	3	4	5	6
Bem-estar	0	1	2	3	4	5	6
Realização profissional	0	1	2	3	4	5	6
Valorização	0	1	2	3	4	5	6
Reconhecimento	0	1	2	3	4	5	6
Identificação com as minhas tarefas	0	1	2	3	4	5	6
Gratificação pessoal com as minhas atividades	0	1	2	3	4	5	6
Esgotamento emocional	0	1	2	3	4	5	6
Estresse	0	1	2	3	4	5	6
Insatisfação	0	1	2	3	4	5	6
Sobrecarga	0	1	2	3	4	5	6
Frustração	0	1	2	3	4	5	6
Insegurança	0	1	2	3	4	5	6
Medo	0	1	2	3	4	5	6
Falta de reconhecimento do meu esforço	0	1	2	3	4	5	6
Falta de reconhecimento do meu desempenho	0	1	2	3	4	5	6
Desvalorização	0	1	2	3	4	5	6
Indignação	0	1	2	3	4	5	6

Inutilidade	0	1	2	3	4	5	6
Desqualificação	0	1	2	3	4	5	6
Injustiça	0	1	2	3	4	5	6
Discriminação	0	1	2	3	4	5	6

Os itens, a seguir, tratam dos tipos de *problemas físicos, psicológicos e sociais que você avalia como causados,* essencialmente, *pelo seu trabalho*. Marque o número que melhor corresponde à frequência com a qual eles estiveram presentes na sua vida nos últimos seis meses.

0 Nenhuma vez	1 Uma vez	2 Duas vezes	3 Três vezes	4 Quatro vezes	5 Cinco vezes	6 Seis vezes

Dores no corpo	0	1	2	3	4	5	6
Dores nos braços	0	1	2	3	4	5	6
Dor de cabeça	0	1	2	3	4	5	6
Distúrbios respiratórios	0	1	2	3	4	5	6
Distúrbios digestivos	0	1	2	3	4	5	6
Dores nas costas	0	1	2	3	4	5	6
Distúrbios auditivos	0	1	2	3	4	5	6
Alterações do apetite	0	1	2	3	4	5	6
Distúrbios na visão	0	1	2	3	4	5	6
Alterações do sono	0	1	2	3	4	5	6
Dores nas pernas	0	1	2	3	4	5	6
Distúrbios circulatórios	0	1	2	3	4	5	6
Insensibilidade em relação aos colegas	0	1	2	3	4	5	6
Dificuldades nas relações fora do trabalho	0	1	2	3	4	5	6
Vontade de ficar sozinho	0	1	2	3	4	5	6
Conflitos nas relações familiares	0	1	2	3	4	5	6
Agressividade com os outros	0	1	2	3	4	5	6

Dificuldade com os amigos	0	1	2	3	4	5	6
Impaciência com as pessoas em geral	0	1	2	3	4	5	6
Amargura	0	1	2	3	4	5	6
Sensação de vazio	0	1	2	3	4	5	6
Sentimento de desamparo	0	1	2	3	4	5	6
Mau-humor	0	1	2	3	4	5	6
Vontade de desistir de tudo	0	1	2	3	4	5	6
Tristeza	0	1	2	3	4	5	6
Irritação com tudo	0	1	2	3	4	5	6
Sensação de abandono	0	1	2	3	4	5	6
Dúvida sobre a capacidade de fazer as tarefas	0	1	2	3	4	5	6
Solidão	0	1	2	3	4	5	6

* Publicação das escalas na íntegra com autorização do autor por e-mail: Ana Magnólia Bezerra Mendes (Doutora em Psicologia, Professora adjunta do Departamento de Psicologia Social e do Trabalho da Universidade de Brasília). E-mail: anamag@unb.br

Questionário de Avaliação da Qualidade de Vida no Trabalho – QWLQ-bref*

Nome:_________________________________ Data:____________

Data Nascimento:__________ Idade:________ Profissão:____________

Empresa:____

Este questionário tem como objetivo avaliar a qualidade de vida no trabalho, sob o ponto de vista pessoal, de saúde, psicológico e profissional.

Por favor, responda todas as questões. Caso não tenha certeza sobre qual resposta dar, sugiro escolher, entre as alternativas, a que lhe parece ser a mais adequada, sendo normalmente esta a primeira escolha.

Por favor, tenha em mente as **duas últimas semanas** para responder a questões. Exemplo:

Quanto você se preocupa com dores ou desconfortos no trabalho?				
nada	muito pouco	mais ou menos	bastante	extremamente
1	2	3	4	5

Você deve circular o número que melhor corresponde a sua realidade, relembrando, pensando apenas nas últimas duas semanas.

Por favor, leia com atenção as questões e escolha o número que lhe parecer a melhor resposta.

Muito obrigado!

1. Como você avalia a sua liberdade para criar coisas novas no trabalho?				
Muito baixa	Baixa	Média	Boa	Muito boa
1	2	3	4	5

2. Em que medida você avalia sua motivação para trabalhar?				
Muito baixa	Baixa	Média	Alta	Muito alta
1	2	3	4	5

3. Como você avalia a igualdade de tratamento entre os funcionários?				
Muito baixa	Baixa	Média	Boa	Muito boa
1	2	3	4	5

4. Em que medida você avalia o seu sono?				
Muito ruim	Ruim	Média	Bom	Muito bom
1	2	3	4	5

5. Como você avalia sua liberdade de expressão no seu trabalho?				
Muito baixa	Baixa	Média	Alta	Muito alta
1	2	3	4	5

6. Você se sente realizado com o trabalho que faz?				
Nada	Muito pouco	Médio	Muito	Completamente
1	2	3	4	5

7. Em que medida você possui orgulho da organização na qual trabalha?				
Muito pouco	Pouco	Médio	Muito	Completamente
1	2	3	4	5

8. Em que medida algum problema com o sono prejudica seu trabalho?				
Nada	Muito pouco	Mais ou menos	Bastante	Extremamente
1	2	3	4	5

9. Em que medida você avalia o orgulho pela sua profissão?				
Muito baixa	Baixa	Média	Alta	Muito alta
1	2	3	4	5

10. Como você avalia a qualidade da sua relação com seus superiores e/ou subordinados?				
Muito baixa	Baixa	Média	Alta	Muito alta
1	2	3	4	5

11. Em que medida sua família avalia o seu trabalho?				
Muito ruim	Ruim	Médio	Bom	Muito bom
1	2	3	4	5

12. Em que medida você está satisfeito com o seu nível de participação nas decisões da empresa?				
Muito pouco	Pouco	Médio	Muito	Completamente
1	2	3	4	5

13. Você está satisfeito com o seu nível de responsabilidade no trabalho?				
Nada	Pouco	Médio	Bastante	Completamente
1	2	3	4	5

14. Você se sente satisfeito com os treinamentos dados pela organização?				
Nada	Pouco	Médio	Bastante	Completamente
1	2	3	4	5

15. Em que medida você é respeitado pelos seus colegas e superiores?				
Nada	Muito pouco	Médio	Muito	Completamente
1	2	3	4	5

16. Você se sente satisfeito com a variedade das tarefas que realiza?				
Nada	Pouco	Médio	Bastante	Completamente
1	2	3	4	5

17. Suas necessidades fisiológicas básicas são satisfeitas adequadamente?				
Nada	Muito pouco	Mais ou menos	Bastante	Extremamente
1	2	3	4	5

18. Como você avalia o espírito de camaradagem no seu trabalho?				
Muito ruim	Ruim	Médio	Bom	Muito bom
1	2	3	4	5

19. Em que medida você se sente confortável no ambiente de trabalho?				
Nada	Muito pouco	Mais ou menos	Bastante	Extremamente
1	2	3	4	5

O quanto você está satisfeito com a sua qualidade de vida no trabalho?				
Nada	Pouco	Médio	Bastante	Extremamente
1	2	3	4	5

Muito obrigado pela sua colaboração!

* Material com autorização de publicação na integra, por e-mail: Reis Junior, Dalcio Roberto Dos & Pilatti, Luiz Alberto. Qualidade de vida no trabalho: construção e validação do questionário QWLQ-78. Revista Brasileira de Qualidade de Vida, v. 3, p. 1-12, 2011).

Atenção: As Fontes fundamentais de informações e as complementares de informações são sugestões de instrumentos, os mesmos podem ser alterados pelos psicólogos conforme familiaridade com o material. As indicações destes instrumentos foram de acordo com objetivo da avaliação psicológica psicossocial, bem como agilidade nos processos, grau de risco do avaliado, idade, escolaridade e o perfil.

Os documentos psicológicos oriundos de uma avaliação psicológica, de acordo com a Resolução 06/2019 são o Atestado Psicológico ou Laudo Psicológico. No entanto para a "Avaliação Psicossocial", só podemos emitir um laudo Psicológico:

> Art. 13 - O laudo psicológico é o resultado de um processo de avaliação psicológica, com finalidade de subsidiar decisões relacionadas ao contexto em que surgiu a demanda. Apresenta informações técnicas e científicas dos fenômenos psicológicos, considerando os condicionantes históricos e sociais da pessoa, grupo ou instituição atendida. (CFP, 2019)

De acordo com a Resolução Nº 14 de 2023 (CFP,2023), o documento que deve ser emitido é um laudo psicológico, além de informar somente o necessário para este tipo de avaliação, o psicólogo, tem a prerrogativa de escolher os instrumentos e realizar a entrevista devolutiva. Já que nesta resolução é orientado ao psicólogo seguir as resoluções do Conselho:

> Art. Art. 6º O processo de avaliação de riscos psicossociais, com seus resultados e conclusões, deve ser sistematizado em documento psicológico compatível com a sua finalidade e com as normas do Conselho Federal de Psicologia e demais diretrizes referentes

à elaboração e emissão de documentos produzidos na atuação profissional da psicóloga e do psicólogo. (CPF, 2023, p.2)

Passos para escrever um laudo psicológico

A maioria dos psicólogos em muitos momentos se deparam com uma tarefa, que parece simples, mas não é, a de escrever um laudo ou atestado psicológico, para qualquer contexto. Deste modo, deve-se levar em conta que ele deve refletir todo o elemento, pessoa ou situação a ser analisada de forma que seja compreensível, principalmente para o avaliado ou para quem vai receber a devolução dos resultados. Diante disso, uma série de etapas a serem consideradas para fazer isso mais adequadamente possível, concentrando-se no laudo psicológico para fins psicossociais:

- Ter clareza sobre o tipo de laudo que está fazendo, sobre o que é, sobre quem está avaliando, qual a demanda, os riscos, população e a quem se destina. Ainda que pareça evidente, o primeiro passo para fazer um laudo psicológico ou atestado psicológico adequado é saber o que se está fazendo, o tipo de documento e os dados para analisar sobre o mesmo. Esta análise proporciona estruturar as informações de uma maneira ou de outra e que os dados mais relevantes para o caso sejam sinalizados de forma mais clara.
- *Termo de consentimento informado:* Outro passo importante é ter o consentimento informado desta pessoa. No laudo psicológico é importante constar que a pessoa está ciente de que está coletando dados dela com uma finalidade específica, e é necessário concordar e assinar a concordância. Este consentimento é solicitado antes de começar a avaliação psicológica e deve constar no final do laudo psicológico.

Quadro – Modelo de Consentimento

Antes de iniciar a Avaliação Psicológica Psicossocial Termo de Consentimento Livre e Esclarecido (TCLE) Eu, ____ Carteira de Identidade nº: ______________________________, declaro que fui informado(a) dos objetivos e finalidades da "Avaliação Psicossocial", de acordo

com as exigências do Ministério do Trabalho com objetivo de promoção, prevenção da saúde do trabalhador. Compreendi e entendi as informações e tive a oportunidade de fazer perguntas e tirar minhas dúvidas. Este formulário está sendo assinado voluntariamente por mim e concordo em participar da avaliação, assim como, autorizo a divulgação e publicação das informações para os Recursos Humanos da Empresa ou SESMT. Sendo assim, assino este documento.

Estou ciente da data da devolutiva: ______________________________.

Cidade , _____de ___________ de 20XX.

____

Assinatura do Trabalhador

- *Reunir e estruturar as informações:* O laudo não começa do nada, é importante antes de tudo coletar os dados da pessoa ou situação a ser analisada ou descrita, prestar atenção ao maior número de detalhes possível. Muitas vezes uma informação não-verbal assinalada demonstra ser de grande auxílio em uma análise, assim, todas as informações que forem anotadas auxiliarão a escrever o laudo. Além disso, torna-se importante ter clareza sobre a estrutura que o relatório/laudo seguirá, que diferencia de acordo com o objetivo que ele tem.

Como escrever um laudo decorrente de Avaliação Psicológica Psicossocial

Para poder colocar no papel, ou seja, escrever um laudo, é necessária uma grande quantidade de dados, que a partir de uma forma que seja compreensível, possa se ter conteúdos para diferentes áreas. Iniciar com a escrita com os dados demográficos como base, além de poder usar estes dados para correção dos testes, de forma física ou informatizada. Informar quem solicitou a avaliação ou a finalidade do mesmo, deverá ser levado em consideração, somando-se a uma breve descrição dos motivos, a descrição das atividades exercidas (qual Norma Regulamentadora- NR). Estes dados são de extrema importância para refletir sobre a indicação de apto ou inapto, como exemplo, o rigor da análise de uma pessoa que vai trabalhar em uma altura de 2 metros, para trocar uma lâmpada, tem um risco baixo, diferente de uma pessoa que vai trabalhar em um poste com altura de mais de 12 metros e que envolve eletricidade, com certeza a análise será diferente para ambos os casos. Outro ponto são os dados do profissional ou da empresa que o encaminhou.

O processo de avaliação de casos - testes e resultados: Após analisar os dados mais básicos, analisar os detalhes das informações extraídas da avaliação inicial. Cada uma das fontes de informação deve ser registrada (entrevistas, testes, fontes complementares de informação), e uma justificativa pode ser adicionada a respeito do motivo pelo qual foram escolhidos (exemplo: o porquê escolher o Mini Exame do Estado Mental).

A seguir, analisar os resultados contraídos a partir desta avaliação serão refletidos (incluindo o diagnóstico, se houver), mostrar os dados quantitativos obtidos. Esta informação pode ser dividida em: capacidade intelectual, atenção concentrada, atenção difusa, personalidade entre outras. No entanto, deve permitir a formar uma visão integrada do caso. Em termos práticos, na análise, levar em consideração outros aspectos, também a história, consequências do problema, variáveis das atividades do trabalho, como trabalhos em turno, por exemplo. Observar demais aspectos, que podem interferir nos resultados ou manter um problema e como esses fatores se relacionam e podem interferir nas atividades profissionais.

Levar em consideração os seguintes aspectos na construção de um laudo:

Apresenta os objetivos e a proposta de intervenção: Após completar a avaliação do trabalhador é analisado se qualquer tipo de ação ou intervenção pode ser sugerida, como forma de prevenção e promoção da saúde do trabalhador. Desta forma, não esquecer que está diante de relato psicológico, sendo necessário refletir os objetivos que se propõem alcançar com uma possível intervenção, negociada com a empresa ou com o trabalhador. Em suma, orientações com vistas a saúde do trabalhador, sempre devem constar após a conclusão do laudo. O laudo deve incluir as diferentes práticas e ações a serem realizadas, e se, o psicólogo, presta serviços para a empresa, é importante além de informar os resultados, monitorar as intervenções sugeridas. Com isso, pode realizar evolução do trabalhador, ou da situação, bem como os testes e métodos de avaliação psicológica que podem ser utilizados para avaliá-lo novamente. Em síntese, se o tratamento está sendo efetivo ou não e se há necessidade de permanecer ou modificar.

Linguagem compreensível e útil para o leitor do laudo: Quando escrever um laudo, torna-se essencial levar em consideração, que ele é realizado para outras pessoas ou o mesmo profissional em diferentes momentos possam entender o que aconteceu e o que foi realizado durante todo o processo. Assim de acordo, com a resolução 06/2019 (CFP, 2019), deve-se usar uma linguagem clara e concisa, que seja apropriada e compreensível para o leitor objetivo do laudo. Não esquecer que em uma avaliação psicológica psicossocial, a devolutiva para o trabalhador deve ser agendada e justificada quando não for realizada.

Objetividade geral: Ao analisar os dados de um laudo psicológico, quando os dados forem contrastados, deve-se justificar. A análise deve ser objetiva, basear-se no que foi trazido pelo trabalhador, nos testes realizados e não transcrever opiniões pessoais ou inferências de outras pessoas. Da mesma forma, você deve evitar a inclusão de juízos de valor, negativos e positivos, que podem interferir nos dados ou a atitude de quem lê o laudo.

Escrever somente o essencial que precisa para o caso: Quando escrever um laudo considerar que é um texto resumido dos dados que obtidos, não é uma transcrição completa de cada tarefa realizada. Concentrar os dados nos aspectos relevantes da situação, não colocar informações desnecessárias, mas apenas os elementos importantes para avaliar o caso e sua evolução.

Devolução dos resultados: Ainda que redação do laudo possa ter concluído, é essencial considerar não apenas os dados, mas como eles serão refletidos ou expressos. Deve-se sempre, de acordo com o código de ética, fornecer pelo menos um retorno oral do documento. Este momento da devolução dos resultados é de grande importância, pois pode ter um efeito direto na saúde do trabalhador. Explicar como ele pode ser tão ou mais importante do laudo, como as dificuldades, de uma forma compreensível, com tato e sem estigmas, igualmente salientar os pontos positivos. E por fim, não esquecer de deixar espaço para o trabalhador expressar dúvidas, para que elas possam ser esclarecidas pelo avaliador. Lembrar que a Resolução 06/2019 do Conselho Federal de

Psicologia, estabelece como obrigatoriedade a entrevista devolutiva e justificar quando não ocorrer.

A Resolução 06/2019 (CFP, 2019) estabelece os requisitos para a construção de documentos psicológicos, e um laudo psicológico deve conter os seis itens em sua estrutura:

1. Identificação;
2. Descrição da demanda;
3. Procedimento;
4. Análise;
5. Conclusão;
6. Referências.

1. Identificação

Título: "Laudo Psicológico";

Nome da pessoa: identificação do nome completo e outras informações sócio demográficas;

Solicitante: identificação de quem solicitou o documento,

Finalidade: motivo da solicitação

Autor(a): Nome completo do psicólogo(a) responsável pela execução do documento, com a respectiva inscrição no Conselho Regional de Psicologia.

2. Descrição da demanda

Descrever as informações sobre o motivo da avaliação, quem forneceu as informações e as demandas que levaram à solicitação do documento. Deverá constar o raciocínio técnico-científico que justificará procedimentos utilizados.

3. Procedimento

Deve apresentar o raciocínio técnico-científico que justifica o processo e os recursos técnico-científicos utilizados no processo de avaliação psicológica, constando as referências, com fundamentando as análises e conclusões. Mencionar as pessoas envolvidas, número de sessões e a duração do processo. Deve atender a Resolução 31/2022 (CFP, 2022).

4. Análise

Expor de uma forma descritiva, coerente, objetiva e metódica os dados colhidos no processo de avaliação, não pode escrever descrições literais e respeitar a fundamentação teórica. Considerar os aspectos éticos, sigilo, escrever somente o que for necessário para o caso. Escrever o texto em terceira pessoa (exemplo: observa-se, percebe-se, etc.).

5. Conclusão

Analisar de forma quantitativa e qualitativa o processo de avaliação psicológica. Orientar sobre encaminhamentos e intervenções.

6. Referências

É obrigatório colocar todas as referências bibliográficas utilizadas no laudo, no texto em nota de rodapé.

E, por fim, a Resolução do CFP (06/2019, p.19), menciona que:

> II - O documento deve ser encerrado com indicação do local, data de emissão, carimbo, em que conste nome completo ou nome social completo da (o) psicóloga (o), acrescido de sua inscrição profissional, com todas as laudas numeradas, rubricadas da primeira até a penúltima lauda, e a assinatura da (o) psicóloga (o) na última página.
>
> III - É facultado à (ao) psicóloga (o) destacar, ao final do laudo, que este não poderá ser utilizado para fins diferentes do apontado no item de identificação, que possui caráter sigiloso, que se trata de documento extrajudicial e que não se responsabiliza pelo uso dado ao laudo por parte da pessoa, grupo ou instituição, após a sua entrega em entrevista devolutiva.

Exemplo da estrutura de um laudo (Resolução 06/2019)

Quadro – Laudo Psicológico

Nome completo do psicólogo com CRP

LAUDO PSICOLÓGICO

1. Identificação

- Nome:
- Data de nascimento
- Idade:
- Escolaridade:
- Atividade Profissional:
- Data da Avaliação:

Solicitante: SESMT empresa xxxxxxx, médico do trabalho

Finalidade: Avaliação Psicológica Psicossocial para integrar exames do ASO

Autor: nome do Psicólogo, CRP: 00/00000

---

2. Descrição da Demanda

- Esclarecimento dos motivos da avaliação (Ex. Avaliação Psicológica Psicossocial como prevenção e promoção da saúde do trabalhador) para atividades que envolvam risco (Citar as NRs que serão avaliadas)

3. Procedimento

- Número de sessões e duração do processo;
- Listar as fontes Fundamentais de Informação;
- Entrevistas (com quem foi realizada);
- Explicitar os recursos utilizados;
- Colocar o nome completo do teste seguido da sigla, autor e ano e objetivo da aplicação deste instrumento, colocar a referência em nota de rodapé;
- Listar as fontes Complementares de Informação (se houver), igualmente com referências, em notas de rodapé.

4. Análise

- Análise da história de vida (Anamnese, entrevistas, físico, psicológico, escolar, saúde, etc.);

- Relações atuais em todas as áreas (Familiar, social, acadêmica etc.);

- Análise da capacidade intelectiva e habilidades especificas (Inteligência, tipos de atenção e outras habilidades);

- Colocar os respectivos instrumentos utilizados com a análise;

- Análise da Personalidade/comportamento;

- Forma resumida do resultado de cada teste e/ou procedimento e a compreensão obtida.

5. Conclusão

- Síntese geral, uma compreensão global a partir da análise do caso;

- Salientar primeiro as potencialidades, não esquecer de buscar na avaliação os pontos desenvolvidos e logo a seguir colocar as dificuldades;

- Orientações e/ou sugestões de qualidade de vida:

  • Escrever aqui as sugestões para a melhora das dificuldades;

  • Salientar os pontos positivos para aproveitar melhor as habilidades;

  • Orientar sobre como melhorar da qualidade de vida;

  • Encaminhamentos para psicologia, neurologista, fonoaudiologia, psiquiatria, clínico, etc.

Validade da avaliação:

Local e data

Assinatura do psicólogo Nome completo do psicólogo e CRP

(Numerar, rubricar todas as laudas, assinar a última, Normas pela APA ou ABNT)

6. Referências

Brickenkamp, R., Schimidt-Atzert, Liepmann, D. (2018). *Teste d2-R: Atenção concentrada.* São Paulo: Hogrefe.

Carneiro, A. M., & Baptista, M. N. (2015). EPD - Escala de Pensamentos Depressivos: Manual Técnico. São Paulo: CETEPP.

Lipp, M. E. N. (2022). I*nventário de Sintomas para Adultos de Lipp: Revisado ISSL-R.* São Paulo: Editora Nila Press.

Fonte: adaptado da resolução CFP 06/2019 (CFP,2019).

Laudo Psicológico: Casos ilustrativos

Exemplo de Laudo Psicológico Psicossocial Apto

Mariana da Silva
Psicóloga - CRP: 00/00000

LAUDO PSICOLÓGICO

1. IDENTIFICAÇÃO

Nome: Murilo da Silva

Data de nascimento: 20.12.2000

Idade: 22 anos

Escolaridade: Ensino médio completo

Estado Civil: Solteiro

Função: Analista

Data/ Período do exame: 25/01/2023

Solicitante: Gerência de Saúde Ocupacional como complemento do exame periódico.

Finalidade: Avaliação Psicológica Psicossocial como parte integrante da grade de exames requeridos na Avaliação de Saúde Ocupacional (ASO).

Autor: Mariana da Silva; Psicóloga - CRP: 07/xxxxxx

2. DESCRIÇÃO DA DEMANDA

Avaliação Psicológica Psicossocial como parte integrante da grade de exames requeridos na Avaliação de Saúde Ocupacional (ASO) para atividades laborativas que impliquem em atividades em Espaços Confinados (NR 33) e Trabalhos em Altura (NR 35).

3. PROCEDIMENTO

A avaliação foi realizada nos dias 25/01/2023 e no dia 01/02/2023, no total foram 4 horas de duração do processo de avaliação;

Fontes Fundamentais de Informação:

- Entrevista individual;
- Questionário História Pessoal, Profissional e Social;
- *Teste de Inteligência Não-Verbal - MIG:* instrumento de medida de inteligência geral não-verbal que tem propósito avaliar aspectos do raciocínio geral, que se relaciona com a inteligência fluida, a capacidade para relacionar ideias, resolver problemas novos, induzir conceitos abstratos e usar analogias para compreender as diferenças entre estímulos e conceitos Rabelo, Portugal, Cruz, Castro, Landeira-Fernandez, & Anunciação, 2021).
- *Teste de Atenção Concentrada (d2-R):* para avaliar a capacidade de atenção concentrada (Brickenkmp, Schimidt-Atzert & Liepmann, 2018).
- *Bateria Rotas de Atenção- Teste de Atenção Dividida (Rota D):* Objetiva fornecer uma medida da capacidade do indivíduo de dividir a atenção sob controle de diferentes estímulos (Rabelo, Cruz & Castro, 2020).
- *Bateria Rotas de Atenção- Teste de Atenção Alternada (Rota A):* Objetiva avaliar a capacidade do sujeito de focar a atenção ora em um estimulo, ora em outro. (Rabelo, Cruz & Castro, 2020).
- *Inventário de Sintomas de Stress para Adultos de Lipp - Revisado (ISSL-R):* Visa (a) identificar a presença de sintomas que caracterizam o stress, definido como um estado de desequilíbrio do funcionamento desenvolvido diante de situações de desafio que levam o organismo a utilizar seus recursos psicobiológicos para lidar com eventos que exijam uma ação mobilizadora; (b) investigar a gravidade do quadro apresentado, ou seja, em que fase do processo do ***stress*** a pessoa se encontra em termos do quão severa é a sintomatologia apresentada (a saber: fases de Alerta, Resistência, Quase-exaustão ou Exaustão) (Lipp,2022).
- *Teste Pfister na avaliação da personalidade:* para avaliar personalidade (Villemor-Amaral,2017).
- *Escala de Pensamentos Depressivos (EPD):* para avaliar pensamentos depressivos (Carneiro, & Baptista, 2015).

Fontes Complementares de Informação:

Obs.: Para a Avaliação Psicológica Psicossocial os instrumentos utilizados foram selecionados conforme as Resoluções 31/2022, 14/2023 e 06/2019 do Conselho Federal de Psicologia (CFP) e aplicados seguindo o respectivo manual de instruções.

4. ANÁLISE

Análise da história de vida: Murilo, através da análise da entrevista, apresenta estar bem de saúde física, emocional, psicossocial, não apresentando indicadores de psicopatologia.

Análise dos instrumentos: Na análise da aplicação dos instrumentos psicológicos, Murilo, no **Teste de Inteligência Não-Verbal**, que avalia inteligência mostra, escore **Médio**, dentro do esperado para sua escolaridade. Demonstra capacidade para assimilar dados de ordem simples. No **Teste de Atenção Concentrada**, que avalia a atenção concentrada visual e a capacidade de concentração, indica escore igualmente dentro da **Média**. No teste de **Atenção Dividida**, apresenta desempenho superior. Denota rapidez **Média**, precisão **Média Superior** e amplitude de oscilação **Média**. Os aspectos da personalidade encontram-se dentro do esperado. Não apresenta pensamentos depressivos, de acordo com a Escala de Pensamentos Depressivos. Apresenta sintomas leves de stress relacionados a sua atividade. No que se refere a personalidade, apresenta adequação em todos os construtos avaliados, não apresenta indicadores de psicopatológicos que possam intervir em sua atividade profissional.

5. CONCLUSÃO

Neste momento, de acordo com a análise do processo de Avaliação Psicológica Psicossocial o colaborador encontra-se **APTO**, para atividades de **Trabalho em Altura (NR 35)** e **Espaço Confinado (NR 33)**. Não há restrições para atividades que não envolvam risco, porém devem ser seguidas as recomendações para prevenção da saúde emocional do colaborador.

Orientações/Recomendações:

- Sugere-se desenvolver sua capacidade de produção e rendimento no trabalho a fim de elevar seus resultados;
- Sugere-se envolver em atividades de lazer, como forma preventiva de manutenção da sua qualidade de vida;
- Sugere-se manter uma adequada relação com seus líderes, evitando proximidade excessiva.

Porto Alegre, 04 de fevereiro de 2023.

Psicóloga:

Mariana da Silva

Psicóloga - CRP: 00/00000

Validade: 12 meses

OBS: ***Laudo Psicológico*** *confidencial e sigiloso, de acordo com o Código de Ética Profissional do Psicólogo e da Resolução 06/2019: Este documento não poderá ser utilizado para fins diferentes do apontado no item de identificação, que possui caráter sigiloso, que se trata de documento extrajudicial e que não se responsabiliza pelo uso dado ao laudo por parte da pessoa, grupo ou instituição, após a sua entrega em entrevista devolutiva.*

REFERÊNCIAS:

American Psychiatric Association (2014). Manual Diagnóstico e Estatístico de Transtornos Mentais / *Diagnostic and Statistical Manual of Mental Disorders* - 5t ed. (DSM-V).Porto Alegre: Artmed.

Brickenkamp, R., Schimidt-Atzert, Liepmann, D. (2018). *Teste d2-R: Atenção concentrada.* São Paulo: Hogrefe.

Conselho Federal de Psicologia. *Resolução CFP N.° 010/2005.* Código de Ética Profissional.

Conselho Federal de Psicologia. *Resolução CFP N.° 31/2022.* Regulamenta o Sistema de Avaliação de Testes Psicológicos – SATEPSI.

Conselho Federal de Psicologia. *Resolução CFP N.° 06/2019.* Elaboração de documentos escritos produzidos pela(o) psicóloga(o).

Conselho Federal de Psicologia. *Resolução CFP N.° 14/2023.* Regulamenta normas e procedimentos para a avaliação psicossocial no contexto da saúde e segurança do trabalhador.

Carneiro, A. M., & Baptista, M. N. (2015). *EPD - Escala de Pensamentos Depressivos: Manual Técnico.* São Paulo: CETEPP.

Lipp, M. E. N. (2022). *Inventário de Sintomas para Adultos de Lipp: Revisado ISSL-R.* São Paulo: Editora Nila Press.

Rabelo, I.S., Portugal, A.C.A, Cruz, R.M., Castro, N.R., Landeira-Fernandez, J., & Anunciação, L. (2021). *Matrizes de Inteligência Geral Não Verbal - MIG. Manual Técnico.* São Paulo: Editora Nila Press.

Rabelo, I. S., Cruz, R. M., & Castro, N. R. (2020). *Bateria Rotas de Atenção (Rotas): Manual.* São Paulo, SP: Nila Press.

Villemor-Amaral, A.E. (2017). Pfister – *As Pirâmides Coloridas de Pfister.* 5ª edição. São Paulo: Hogrefe.

Rua Magnólia, 15 - Bairro Europa - Cidade Das Pedras - São Paulo

E: mail: xxxxxxxxxxxxxx telefone: (xx) xxxxx-xxxx

Exemplo Laudo Psicológico Psicossocial de um caso de inapto

Rafaela da Silva
Psicóloga - 00/00000

LAUDO PSICOLÓGICO

1. IDENTIFICAÇÃO

Nome: José Souza

Data de nascimento: 19/01/1980

Idade: 42 anos

Escolaridade: Ensino Médio Completo

Estado Civil: Casado

Data do exame: 25/01/2023

Solicitante: Empresa Y.

Finalidade: Avaliação Psicológica como parte integrante da avaliação psicossocial.

Autor: Rafaela da Silva, Psicóloga - CRP: 00/00000

2. DESCRIÇÃO DA DEMANDA

Avaliação Psicológica de acordo com a Norma Regulamentadora 10 (NR 10) para executar as atividades ligadas às instalações elétricas e serviços com eletricidade.

3. PROCEDIMENTO

- A avaliação foi realizada no dia xxx, com três horas de duração;
- A entrevista devolutiva foi realizada no dia xxx;

Fontes Fundamentais de informação:

- Entrevista individual;
- Questionário História Pessoal, Profissional e Social;
- *Teste Matrizes de Inteligência Geral Não verbal - MIG*: instrumento de medida de inteligência geral não-verbal que tem propósito avaliar aspectos do raciocínio geral, que se relaciona com a inteligência fluida, a capacidade para relacionar ideias, resolver problemas novos, induzir conceitos abstratos e usar analogias para compreender as diferenças entre estímulos e conceitos Rabelo, Portugal, Cruz, Castro, Landeira--Fernandez, & Anunciação, 2021).

- *Bateria Rotas de Atenção- Teste de Atenção Concentrada, Dividida e Alternada*: Objetiva fornecer uma medida da capacidade de atenção concentrada, de dividir a atenção sob controle de diferentes estímulos e alternada, alternar sua atenção em diferentes atividades (Rabelo, Cruz & Castro, 2020).
- *Teste de Atenção Concentrada (d2-R)*: para avaliar a capacidade de atenção concentrada (Brickenkmp, Schimidt-Atzert & Liepmann, 2018);
- *MEMORE- Teste de Memória de Reconhecimento*: objetiva avaliar a memória visual de reconhecimento de curto prazo, que se refere à capacidade de identificar um estímulo, informação ou objeto como algo anteriormente já visto. (Rabelo, Cruz & Castro, 2020).
- *Inventário de Sintomas de Stress para Adultos de Lipp - Revisado (ISSL-R)*: Visa (a) identificar a presença de sintomas que caracterizam o stress, definido como um estado de desequilíbrio do funcionamento desenvolvido diante de situações de desafio que levam o organismo a utilizar seus recursos psicobiológicos para lidar com eventos que exijam uma ação mobilizadora; (b) investigar a gravidade do quadro apresentado, ou seja, em que fase do processo do stress a pessoa se encontra em termos do quão severa é a sintomatologia apresentada (a saber: fases de Alerta, Resistência, Quase-exaustão ou Exaustão) (Lipp,2022).

Para a Avaliação Psicológica Psicossocial os instrumentos utilizados foram selecionados conforme as Resoluções 06/2019, 14/2023 e 31/2022 do Conselho Federal de Psicologia (CFP) e aplicados seguindo o respectivo manual de instruções.

4. ANÁLISE

4.1 Análise da história de vida:

José revela estar casado há 10 anos com Manuela de 35 anos que atua como Auxiliar Administrativo. Conta possuírem dois filhos: Natália de 8 anos e Lucas de 5 anos. Comenta que seu pai tem 70 anos e sua mãe 68 anos, ambos são aposentados. Informa possuir uma irmã, Bruna, que tem 30 anos e é Enfermeira. Conta ter relacionamento próximo com sua família, encontrando-os todos os finais de semana. No seu tempo livre, diz que gosta de jogar futebol, assistir filmes e séries e sair com sua esposa e filhos.

Expressa sentir-se bem atualmente, não fazendo uso de medicamento controlado. Ainda, afirma não possuir vícios ou manias, bem como, nunca realizou acompanhamento psicológico. Menciona histórico de câncer em sua família. Comenta que uma vez sofreu um acidente de trabalho, por ter esquecido de usar o equipamento necessário.

4.2 Análise dos instrumentos:

Teste Matrizes de Inteligência Geral Não verbal - MIG: instrumento de medida de inteligência geral não-verbal que tem propósito avaliar aspectos do raciocínio geral, que se relaciona com a inteligência fluida, a capacidade para relacionar ideias, resolver problemas novos, induzir conceitos abstratos e usar analogias para compreender as diferenças entre estímulos e conceitos. Neste instrumento, José apresentou desempenho percentílico 5, inferior, apresenta dificuldade em raciocínios que envolvem raciocínio geral, além problemas para assimilar novas informações.

No Teste de Atenção Concentrada (D2-R), que avalia a atenção concentrada visual e a capacidade de concentração José apresenta escore **Médio Inferior** (percentil 25). Denota reduzida capacidade de manter sua atenção concentrada em determinado estímulo por um determinado período.

Bateria Rotas de Atenção- Teste de Atenção Concentrada, Dividida e Alternada: Objetiva fornecer uma medida da capacidade de atenção concentrada, de dividir a atenção sob controle de diferentes estímulos e alternada, alternar sua atenção em diferentes atividades. José mostra dificuldades tanto na atenção concentrada, quanto na dividida e alternada, todos com percentis inferiores.

No **Memore - Teste de Memória de Reconhecimento**, que avalia a memória visual de curto prazo, José demonstra escore Inferior (percentil 10). Apresenta dificuldade na capacidade para recuperar informações em curto prazo de tempo.

No **Inventário de Sintomas de Stress para Adultos de Lipp - Revisado (ISSL-R)**: Visa (a) identificar a presença de sintomas que caracterizam o stress, de finido como um estado de desequilíbrio do funcionamento desenvolvido diante de situações de desafio que levam o organismo a utilizar seus recursos psicobiológicos para lidar com eventos que exijam uma ação mobilizadora; (b) investigar a gravidade do quadro apresentado, ou seja, em que fase do processo do stress a pessoa se encontra em termos do quão severa é a sintomatologia apresentada (a saber: fases de Alerta, Resistência, Quase-exaustão ou Exaustão). Neste instrumento de avaliação de stress, Murilo apresentou níveis elevados na maioria dos construtos avaliados, indicando que pode apresentar riscos psicossociais em atividades nas noemas regulamentadoras.

5. CONCLUSÃO

De acordo com os resultados da avaliação psicológica, José demonstra dificuldade para reter informações, bem como, expressa capacidade de raciocínio lógico para resolver problemas de ordem simples e complexa abaixo do esperado. Também, apresenta reduzida capacidade de atenção concentrada em determinada atividade por determinado período de tempo.

Sugere dificuldade para controlar suas emoções, além de mostrar momentos instáveis no seu humor. Apresenta elevado nível de stress relacionado ao trabalho. Ainda, mostra rigidez na sua postura e dificuldade para lidar com novas situações, sugere dificuldade para agir de acordo com as normas e regras impostas.

Síntese: Dessa forma, neste momento, José Souza é considerado **INAPTO** para realizar atividades que envolvam eletricidade, descritas na Norma Regulamentadora (NR 10).

Validade da avaliação: 12 meses

Porto Alegre, 25 de janeiro de 2023.

Psicólogo Responsável:

Rafaela da Silva

Psicólogo - CRP: 00/00000

OBS: ***Laudo Psicológico*** *confidencial e sigiloso, de acordo com o Código de Ética Profissional do Psicólogo e da Resolução 06/2019: Este documento não poderá ser utilizado para fins diferentes do apontado no item de identificação, que possui caráter sigiloso, que se trata de documento extrajudicial e que não se responsabiliza pelo uso dado ao laudo por parte da pessoa, grupo ou instituição, após a sua entrega em entrevista devolutiva.*

Referências:

American Psychiatric Association (2023). Manual Diagnóstico e Estatístico de Transtornos Mentais – *Diagnostic and Statistical Manual of Mental Disorders* - 5t ed. (DSM-5-TR). Porto Alegre: Artmed.

Brickenkamp, R., Schimidt-Atzert, Liepmann, D. (2018). *Teste d2-R: Atenção concentrada.* São Paulo: Hogrefe.

Conselho Federal de Psicologia. *Resolução CFP N.° 010/2005*. Código de Ética Profissional.

Conselho Federal de Psicologia. *Resolução CFP N.° 31/2022*. Regulamenta o Sistema de Avaliação de Testes Psicológicos – SATEPSI.

Conselho Federal de Psicologia. *Resolução CFP N.° 06/2019*. Elaboração de documentos escritos produzidos pela(o) psicóloga(o).

Conselho Federal de Psicologia. *Resolução CFP N.° 14/2023*. Regulamenta normas e procedimentos para a avaliação psicossocial no contexto da saúde e segurança do trabalhador.

Lipp, M. E. N. (2022). *Inventário de Sintomas para Adultos de Lipp: Revisado ISSL-R*. São Paulo: Nila Press.

Rabelo, I.S., Portugal, A.C.A, Cruz, R.M., Castro, N.R., Landeira-Fernandez, J., & Anunciação, L. (2021). *Matrizes de Inteligência Geral Não Verbal - MIG. Manual Técnico*. São Paulo: Nila Press.

Rabelo, I. S., Cruz, R. M., & Castro, N. R. (2020). *Bateria Rotas de Atenção (Rotas): Manual*. São Paulo, SP: Nila Press.

Rabelo, I. S., Cruz, R. M., & Castro, N. R. (2020). *Teste de Memória de Reconhecimento (MEMORE): Manual*. São Paulo: Nila Press.

Rua Magnólia, 15 - Bairro Europa - Cidade Das Pedras - São Paulo

E: mail: xxxxxxxxxxxxxxx Telefone: + (xx) xxxxx-xxxx

Atestado Psicológico

De acordo com a Resolução 06/2019 (CFP, 2019), do Conselho Federal de Psicologia um Atestado Psicológico deve ter uma estrutura que deve restringir-se à informação solicitada pelo requerente, deve conter expressamente o fato constatado. De maneira geral é um documento simples, porém deve cumprir algumas formalidades:

Deve elaborado em papel timbrado ou apresentar na subscrição do documento o carimbo, em que conste o nome e sobrenome do psicólogo, acrescido de sua inscrição profissional ("Nome do psicólogo / N.° da inscrição").

O atestado deve conter:

Título: "**Atestado Psicológico**"

Nome: da pessoa ou instituição atendida: identificação do nome completo, outras informações sociodemográficas.

Nome do solicitante: identificação de quem solicitou o documento, especificando se a solicitação foi realizada por empresas, instituições públicas ou privadas, pelo próprio usuário do processo de trabalho prestado ou por outros interessados.

Finalidade: descrição da razão ou motivo do pedido

Descrever as condições psicológicas do avaliado, provenientes do raciocínio psicológico ou processo de avaliação psicológica realizado, respondendo a finalidade deste. É facultado ao(à) psicólogo(a) a utilização da Classificação Internacional de Doenças (CID) ou outras Classificações de diagnóstico.

- Registro da informação do sintoma, situação ou condições psicológicas que justifiquem o atendimento, afastamento ou falta – podendo ser registrado sob o indicativo do código da Classificação Internacional de Doenças em vigor;
- Registro do local e data da expedição do atestado;
- Assinatura do psicólogo acima de sua identificação ou do carimbo.

> "...o atestado psicológico resulta de uma avaliação psicológica. É responsabilidade da (o) psicóloga (o) atestar somente o que foi verificado no processo de avaliação e que esteja dentro do âmbito de sua competência profissional. § 3º -A emissão de atestado deve estar fundamentada no registro documental, conforme dispõe a Resolução CFP nº 01/2009 ou aquelas que venham a alterá-la ou substituí-la, não isentando a(o) psicóloga(o) de guardar os registros em seus arquivos profissionais, pelo prazo estipulado nesta resolução. § 4º - Os Conselhos Regionais podem, no prazo de até cinco anos, solicitar à (ao) psicóloga (o) a apresentação da fundamentação técnico-científica do atestado (CFP, 2019, p. 10)"

Exemplo de Atestado Psicológico Psicossocial de Apto

Mateus da Silva

Psicólogo - CRP: 07/xxxxxx

ATESTADO PSICOLÓGICO

Identificação:

Nome: Mariana dos Santos

Data de nascimento: 22.12.1991

Idade: 27 anos

Função: Analista

Data/ Período do exame: 20/11/2021

Validade da avaliação: Anual

Solicitante: Dr. Xxxx Médico do Trabalho da Empresa SSA.

Finalidade:

Avaliação Psicológica Psicossocial como parte integrante da grade de exames requeridos na Avaliação de Saúde Ocupacional (ASO) para atividades laborativas que impliquem em atividades em Espaços Confinados **(NR 33)** e Trabalhos em Altura **(NR 35)**.

Atesto para os devidos fins, que Mariana dos Santos foi submetido a Avaliação Psicológica Psicossocial, conforme a Resolução 09/2018 e 06/2019 do Conselho Federal de Psicologia. Os instrumentos foram aplicados seguindo o respectivo manual de instruções. Foram avaliados: capacidade de resolução de problemas, capacidade de atenção concentrada, dividida e alternada, capacidade de memorização e aspectos da personalidade, psicopatológicos e psicossociais. Assim como, entrevista e questionário história pessoal, profissional e social. Os resultados não evidenciaram restrições para atividade.

Neste momento, de acordo com a análise do processo de Avaliação Psicológica Psicossocial, o colaborador encontra-se **APTO para atividades de Brigada de Emergência (NR 20), Espaço Confinado (NR 33) e Trabalho em Altura (NR 35).**

Porto Alegre, 30 de novembro de 2021.

Mateus da Silva

Psicólogo - CRP: 00/00000

(Fonte: Resolução CFP 06/2019; Resolução CFP: 09/2018.
Assinar, emitir em papel timbrado.)

Validade: 12 meses

OBS: De acordo com o Código de Ética Profissional do Psicólogo e da Resolução 06/2019: Este documento não poderá ser utilizado para fins diferentes do apontado no item de identificação, que possui caráter sigiloso, que se trata de documento extrajudicial e que não se responsabiliza pelo uso dado ao laudo por parte da pessoa, grupo ou instituição, após a sua entrega em entrevista devolutiva.

Av. Rosa dos Ventos, 15- Cidade- R.J.

E-mail: xxxxxxxxxxxxxxx Telefone: (xx) xxxxx-xxxx

12 Entrevista de devolução dos resultados

Regina Maria Fernandes Lopes
Roberta Fernandes Lopes do Nascimento

De acordo como o Código de Ética do Psicólogo em vigência, que pode ser conferido no artigo 1º, alíneas "g" e "h", refere que é de responsabilidade do psicólogo:

> "informar, a quem de direito, os resultados decorrentes da prestação de serviços psicológicos, transmitindo somente o que for necessário para a tomada de decisões que afetam o usuário ou beneficiário" e "orientar a quem de direito sobre os encaminhamentos apropriados, a partir da prestação de serviços psicológicos, e fornecer, sempre que solicitado, os documentos pertinentes ao bom termo do trabalho (CFP, 2005)".

Estes aspectos mostram a importância da compreensão deste procedimento, pois mostra a importância deste compartilhamento de informações e/ou resultados, no que se refere à devolutiva, quanto ao encaminhamento, quando for indicado. Demonstra que a devolutiva já estava devidamente regulamentada como obrigatória no contexto da Avaliação Psicológica, ia geral. Desta forma, após o processo de avaliação realizado com entrevista, observações e testagem psicológica, a pessoa deve receber uma devolutiva dos seus resultados, sendo escrita e de via oral (no caso de avaliação psicológica psicossocial é indicado a forma oral), definindo como a entrevista final (Hutz, Bandeira, & Trentini, 2016). Deve-se seguir a Resolução 06/2019 (CFP, 2019), conforme a mesma orienta o profissional a redigir um documento psicológico de maneira adequada, técnica e ética, além de nesta resolução constar que a devolutiva é obrigatória, e, caso, não seja possível fazer precisa justificar. Desta forma, uma devolutiva por escrito, com assinatura do avaliado é uma prática obrigatória atualmente.

Em termos práticos, a entrevista de devolução dos resultados em casos de avaliação psicológica psicossocial deverá ser agendada pelo colaborador, com o profissional da empresa responsável pelo contrato das avaliações. De forma geral, tem sido agendado junto ao Recursos Humanos da empresa. Após a marcação do dia e horário, durante a devolutiva, deve ser explicado os resultados de forma que o colaborador compreenda o lhe é dito. Iniciando pelos resultados melhores e finalmente pelos que ele precisa desenvolver. Também deve ser salientado as orientações para o desenvolvimento pessoal, profissional, assim como as sugestões terapêuticas, se houver. Após a realização da devolutiva, sugere-se que o colaborador assine uma Declaração que recebeu os resultados decorrentes do processo avaliativo como um todo, esclarecendo todas as dúvidas que o colaborador possa ter, conforme modelo sugerido abaixo.

Modelo de declaração da devolutiva
de Avaliação Psicológica Psicossocial

Declaração de Participação na Entrevista Devolutiva da Avaliação Psicológica Psicossocial

Eu, ________________________, declaro que participei da entrevista devolutiva da Avaliação Psicológica Psicossocial, realizada para fins de exame periódico/admissional, realizada pela Psicólogo Murilo da Silva (CRP: ____________). No momento da entrevista foram esclarecidas todas as minhas dúvidas relacionadas aos resultados do processo de Avaliação Psicológica Psicossocial, assim como recebi orientações de melhoria da qualidade de vida, pessoal e profissional. Me responsabilizo pelo uso das informações contidas no documento recebido. Autorizo a divulgação dos resultados para ____________________________

Porto Alegre, ______ de ____________ de 2024

Nome do candidato: ____

CI nº: ____

Assinatura: ____

Ocorrências: ____

____

Roberta Fernandes Lopes do Nascimento
Fernanda Fernandes Lopes

Atualmente, cada vez mais, a segurança do trabalhador é foco dos profissionais e de empresas envolvidas com a saúde do trabalhador. Suas condições físicas e psicológicas podem representar um risco para a saúde e a segurança do empregado ou de outros trabalhadores. Neste sentido, o retorno ao trabalho mostra ser um momento de extrema importância para a saúde das pessoas. Este estudo tem como propósito elucidar aspectos importantes sobre a Avaliação Psicológica Psicossocial em casos de retorno ao trabalho, após afastamento por diferentes motivos. Os dados obtidos serão de extrema importância na contribuição para profissionais que trabalham dentro deste contexto. O mesmo foi realizado através de uma busca assistemática da literatura nas bases de dados. Os resultados mostraram que na literatura ainda não se mostra uma produção científica sobre o tema e sim estão sendo compartilhadas em alguns eventos da área. De forma geral, essas experiências nos indicam que essas avaliações são realizadas por psicólogos que estão desenvolvendo roteiros de entrevista e utilização de testes psicológicos para investigação de psicopatologias (Fobias, Ansiedade, Depressão, TOC, TEPT, TPB, etc.). Portanto, é possível pesquisar e ampliar o tema, pois numa condição de fatores psíquicos prejudicados os colaboradores podem se colocar em risco a si e aos seus colegas.

A Avaliação Psicológica Psicossocial pode ser considerada uma avaliação psicológica de uso privativo ao psicólogo, na qual se mostra na Lei 4119 de 27 de agosto de 1962. Esta Avaliação Psicologia pode ser aplicada ao retorno ao trabalho, considera-se que quando o colaborador tiver algum tipo de sofrimento psíquico ou acidente de trabalho, no seu retorno a empresa é importante a realização deste procedimento.

Um colaborador com uma doença física ou psicológica ou lesão pode representar desafios para um empregador. As suas condições físicas e psicológicas podem representar um risco para a saúde e a segurança do empregado ou de outros trabalhadores. Bem como, suas ausências por um longo período com atestado ou frequentes também podem causar dificuldades operacionais para com os demais colaboradores e para a empresa. A organização pode exigir de um colaborador que retorna ao trabalho a mesma atividade que exercia anteriormente, mesmo com uma ausência prolongada, ou prognóstico de quando ele pode estar apto a retornar ao trabalho. Diante de todas estas exigências, torna-se importante a realização de uma avaliação psicológica psicossocial, com o intuito de, caso esteja apto para o retorno ao trabalho, se poderá exercer a mesma atividade anterior. Adequações nos casos de afastamento, são comuns no meio das organizações.

A avaliação psicológica psicossocial para capacidade funcional para o trabalho é importante, enquanto o trabalho de longa duração é ineficaz para reduzir os resultados de uma vida útil relativamente mais empobrecida. Neste aspecto, verifica-se que falta de acesso a tratamentos com foco no trabalho oferecido pelas organizações; a confusão do estado clínico com psicossociais e excesso de excesso nas avaliações, podem gerar controvérsias no momento da análise.

Este capítulo tem como objetivo elucidar aspectos importantes sobre a Avaliação Psicológica Psicossocial em casos de retorno ao trabalho, após afastamento por diferentes motivos. Os dados obtidos serão de extrema importância na contribuição para profissionais que trabalham dentro deste contexto.

O que é saúde ocupacional?

A promoção e prevenção da saúde ocupacional pode ser considerada um desafio para as organizações, havendo a necessidade de realizar pesquisas e mapeamentos das necessidades individuais de cada colaborador, assim como de cada empresa, de acordo com suas especificidades. De acordo com esta particularidade de cada empresa e do colaborador inserido nela, a saúde ocupacional visa:

- Promover e manter o mais alto grau de física;
- Visa o bem-estar mental e social dos trabalhadores em todas as ocupações;
- Prevenir o declínio da saúde causado por suas condições de trabalho;
- Proteger os trabalhadores em seu emprego de riscos resultantes de fatores adversos à saúde;
- Colocar e manter os trabalhadores em um ambiente ocupacional adaptado às suas capacidades fisiológicas e psicológicas.

Em síntese, a saúde ocupacional visa adaptar o trabalho aos trabalhadores e a cada trabalhador para o seu trabalho. Neste contexto, uma função crítica dos profissionais de saúde ocupacional é avaliar se tal adaptação ocorre espontaneamente ou se modificações ou adaptações são necessárias. O que corrobora com os achados nos processos de Avaliação Psicológica Psicossocial, que analisa todos os aspectos que estão trazendo sofrimento psicológico para o trabalhador, e, neste momento têm a oportunidade de realizar a promoção e a prevenção da saúde ocupacional (Serra, et al, 2007).

A importância da Saúde Mental

A saúde mental, assim como a saúde física, pode oscilar entre o espectro de bom a ruim. Desta maneira, problemas de saúde mental podem, portanto, afetar qualquer pessoa, independentemente da idade, personalidade ou antecedentes. Tais problemas podem surgir como resultado de experiências em nossas vidas profissionais e pessoais, ou simplesmente acontecem. Os funcionários podem ser afetados direta ou indiretamente, se parceiros, dependentes ou outros membros da família tiverem problemas de saúde mental, que por sua vez afetam a própria saúde do funcionário. Diante do exposto sugere que uma entrevista voltada para a vida global da pessoa seja contemplada. As pessoas também podem ser afetadas pela experiência de amigos e colegas de trabalho, o que influencia na saúde mental do colaborador. Estes aspectos mostram que a doença mental não está muito distante de nós, já que uma em cada quatro pessoas experimentará um problema de saúde mental em um determinado ano (CIPD, 2011).

Estes dados sugerem refletir que os problemas de saúde mental podem afetar o modo como as pessoas pensam, sentem ou se comportam. Em determinados casos, isso pode limitar seriamente a capacidade de uma pessoa de lidar com a vida cotidiana, o que pode afetar os relacionamentos, o trabalho e a qualidade de vida. No entanto, muitas pessoas gerenciam efetivamente seus problemas de saúde mental juntamente com as demandas de um trabalho e da vida cotidiana, às vezes com tratamento e apoio. Outros podem apresentar sintomas de problemas mentais, mas não sugere ser diagnosticados com uma condição. O mais importante é lembrar que a experiência de saúde mental de todos é diferente: duas pessoas com a mesma condição podem ter sintomas e mecanismos de enfrentamento totalmente diferentes. Diante disso, trabalhar com pessoas individualmente é muito importante (CIPD, 2011).

Quais formulários podem ter problemas de saúde mental?

Os problemas de saúde mental assumem muitas formas. Os termos utilizados para diagnosticá-los são, por vezes, palavras que estão em uso diário, como "Depressão" ou "Ansiedade". Isso pode fazê-los parecer mais fáceis de entender, mas sua familiaridade pode significar subestimar o quão severas e incapacitantes são essas condições, dependendo do grau de intensidade destes sintomas. Como exemplo, os empregadores devem estar cientes da diferença entre a depressão diagnosticada clinicamente e o uso casual do termo para descrever um pouco menos, ou um grau de tristeza situacional comum qualquer pessoa sentir normalmente (Reavley, 2011)

Algumas formas principais e comumente diagnosticadas de problemas de saúde mental com exemplos de alguns dos seus sintomas. São as formas que mais são encontradas, pois as pessoas reagem e respondem de maneira diferente, e homens e mulheres também podem responder de maneira diferente, por isso é importante não descartar outros sintomas. Os homens também são menos propensos a ter seus problemas identificados cedo pelos profissionais, procurar ajuda ou falar com a família ou amigos, portanto podem não ter um diagnóstico de saúde mental mesmo se estiverem tendo problemas. Ao apoiar a equipe, é importante não rotular as pessoas, concentrando-se em um diagnóstico. Em vez disso, conversar com eles sobre como isso afeta seu trabalho, e de forma simples e resumida alguns transtornos mentais mais comuns na área organizacional que merecem ser investigados, conforme Reavley (2011).

No que se refere aos transtornos mais comuns, de acordo com a associação inglesa Mind (2020), são as seguintes:

Depressão - humor muito baixo; sentindo-se sem esperança, sem valor, desmotivado ou exausto; perda de apetite; irritabilidade; mais propensos a doenças físicas. Depressão muitas vezes anda de mãos dadas com a ansiedade. Para os homens em particular, sentir-se baixo ou ansioso pode levar à raiva e ao uso de drogas recreativas ou álcool como estratégias de enfrentamento.

Ansiedade - preocupação constante e irrealista sobre qualquer aspecto da vida cotidiana que leve à inquietação; problemas de sono; pulsação aumentada; dor de estômago; tensão muscular; tremendo. Ansiedade severa pode estar ligada a ataques de pânico, fobias ou transtorno obsessivo compulsivo.

Ataques de pânico - ataques repentinos e inesperados de terror intenso que levam à dificuldade de respirar; pulsação rápida e acelerada; sensações sufocantes; dor no peito, tremendo; sentindo tonto. A memória de um ataque de pânico pode provocar medo e desencadear outro.

Transtorno Obsessivo-Compulsivo - falta de controle sobre certos pensamentos ou ideias que parecem se forçar à consciência, mas levam a uma ansiedade insuportável, que só pode ser aliviada pela realização de um ritual particular para neutralizá-los, como abrir e fechar repetidamente uma porta, lavar as mãos ou contar.

Fobias - um medo irracional de uma determinada situação ou objeto que pode causar grandes transtornos à vida porque impõe tais restrições à maneira como as pessoas vivem, por exemplo, a agorafobia pode causar um medo paralisante de que uma pessoa permaneça isolada em sua própria casa, com medo sair.

Transtorno do Humor Bipolar (depressão maníaca) - um transtorno do humor em que, durante episódios "maníacos", as pessoas tendem a ser hiperativas, desinibidas, imprudentes, repletas de esquemas grandiosos e ideias dispersas. Em outras vezes, eles podem passar por longos períodos de estar muito deprimido. Nem todo mundo experimenta os dois extremos.

Esquizofrenia - ouvir vozes; vendo coisas que outras pessoas não podem; percepções e sensações físicas que não são compartilhadas por outros (delírios e alucinações). A esquizofrenia pode interferir gravemente na capacidade de uma pessoa realizar tarefas e atividades diárias e levar a pessoa a ficar confusa e afastada.

Transtorno de Personalidade *Borderline* (TPB) - um diagnóstico controverso, mas pode ser caracterizado por autoimagem e insegurança fracas, emoções elevadas e descendentes, sentimento de vazio profundo, solidão e muitas vezes raiva; dificuldade com relacionamentos; correr riscos; experimentando delírios ou alucinações. A TPB pode causar autolesões ou sentimentos suicidas e, muitas vezes, anda de mãos dadas com outros problemas de saúde mental.

Transtorno de Estresse Pós-Traumático (TEPT) - inclui episódios de repetidas revivescências do trauma, que se impõem à consciência clara ou através de pesadelos. Apresenta sensação persistente de entorpecimento ou embotamento emocional, diminuição do envolvimento ou da reação ao mundo que o cerca, rejeição a atividades e situações que lembram o episódio traumático. Usualmente, observam-se um estado de hipervigilância, reações exacerbadas aos estímulos e insônia. Sintomas ansiosos, depressivos, ideias suicida e abuso de álcool podem ocorrer, assim como episódios dramáticos e agudos de medo, pânico ou agressividade, desencadeados por estímulos que despertam uma recordação súbita do trauma ou da reação original a ele.

Psicoses - experiências, como ouvir ou ver coisas, manter crenças incomuns, ter pensamentos perturbados ou voos de ideias, que outras pessoas não experimentam ou compartilham; às vezes descrito como "sonhos acordados", o que pode ser muito angustiante e perturbador. Quase qualquer um pode ter um breve episódio psicótico e eventos estressantes ou traumáticos os tornam mais propensos a ocorrer. Algumas pessoas podem ter apenas um ou alguns episódios, enquanto outras podem ser diagnosticadas com um problema de saúde mental relacionado.

Avaliação Psicológica Psicossocial para retorno ao trabalho

A Avaliação Psicológica Psicossocial para aptidão para o trabalho em atividades que envolvam risco, como a determinação se um indivíduo está apto para desempenhar suas tarefas sem risco para si ou para os outros. Há necessidade de um conhecimento detalhado das condições de trabalho e saúde, pelos profissionais da psicologia. Diante destas variáveis, a adequação ao trabalho é um conceito dinâmico. Esta avaliação pode ser necessária no início da relação as atividades no momento do ingresso ao trabalho, após a transferência para subir de cargo, após o surgimento de um problema de saúde ou periodicamente, após o afastamento em casos de retorno ao trabalho, especialmente para trabalhos perigosos, exigentes fisicamente ou sensíveis à segurança.

Cabe salientar, que a Avaliação Psicológica Psicossocial por si só não é suficiente para analisar a aptidão ou inaptidão para atividade. O que indica que seja necessário que ter o conhecimento sobre os requisitos de um trabalho específico, também é outro aspecto importante na avaliação da aptidão para o trabalho. Em relação as ferramentas aplicadas ao trabalho, estudos mostram que são necessárias informações detalhadas e claras sobre as condições de trabalho, como tarefas, exposições e organização. Assim, o profissional deve se instrumentalizar na busca de informações, que podem incluir visitas ao local para obter informações em primeira mão (Cowell,1986; Serra et al, 2007).

Buscar conhecimento sobre a importância de tarefas essenciais do colaborador e avaliação de risco precisa ser enfatizada no processo de avaliação e deve ser adaptada aos requisitos funcionais e riscos do trabalho relacionando com a capacidade funcional. Ou melhor, a capacidade do trabalhador para realizar as tarefas essenciais do trabalho, e ser avaliado através de uma análise de trabalho, tendo como base na quantificação de exigências físicas e condições psicossociais. Neste sentido, torna-se necessário a aplicação de instrumentos de avaliação, como testes psicológicos, questionários de sintomas, de condições de trabalho e psicológicas, para proporcionar a prevenção necessária para melhor qualidade de vida do trabalhador.

É importante enfatizar a importância de avaliar as condições de trabalho em detrimento das capacidades dos trabalhadores, seguidas de ajustes ou modificações no local de trabalho. Redesenhar e adotar medidas preventivas, que podem beneficiar todos os trabalhadores expostos ou permitir a inserção de um trabalhador com características especiais, faz parte de um gerenciamento de pessoas de extrema qualidade.

Ao realizar as Avaliações Psicológicas Psicossociais, precisa clareza dos propósitos e objetivos da finalidade deste processo, que é a promoção e prevenção da saúde do trabalhador. Após a realização deste procedimento, a empresa precisa de organizar para o planejamento de medidas preventivas. Este trabalho, principalmente, não tem o foco de inaptidão. Portanto, declarar um trabalhador como impróprio deve ser o último recurso. Pesquisas relataram um percentual geral em torno de quatro por cento, que o ideal realizar as seguintes condições antes de declarar o colaborador inapto, as seguintes opções:

- Redução temporária de tarefas ou mudanças nas funções ou no cronograma;
- Permitir o retorno progressivo ao trabalho;
- Prevenção e controle de riscos;
- Implementação de tratamentos médicos anteriormente inexplorados;

Em suma, todos estes aspectos devem sempre ser considerado ao avaliar a aptidão para o trabalho (Serra, et al, 2007).

Entrevista psicossocial para retorno ao trabalho

Ao realizar a entrevista para Avaliação Psicológica Psicossocial, salientar ao colaborador que suas respostas a este questionário serão confidenciais para o Recursos Humanos e saúde ocupacional, e não serão dadas a ninguém sem a permissão do colaborador. Mostrar o propósito é apoiar e manter a saúde física e mental de todas as pessoas no trabalho. O objetivo do questionário é verificar se você tem algum problema de saúde que possa afetar sua capacidade de realizar as tarefas que lhe foram oferecidas ou colocá-lo em risco no local de trabalho. Informar que na entrevista de devolução dos resultados será sugerido recomendar ajustes ou assistência como resultado desta avaliação. Exemplos de questões para os colaboradores:

- Você tem algum problema de saúde (físico ou mental) ou deficiência que possa afetar seu trabalho nesta função (com base no que você sabe da descrição do trabalho, entrevista e qualquer experiência anterior)?
- Gostaria de nos informar sobre quaisquer exemplos anteriores de condições de saúde (físicas e / ou mentais) ou deficiências

que foram causadas ou agravadas pelo seu trabalho, para que possamos explorar qualquer apoio que você possa precisar?

- Você acha que pode precisar de ajustes ou assistência para ajudá-lo a fazer o trabalho? Se sim, por favor dê sugestões.
- Sofre ou já teve algum dos seguintes sintomas? (Com uma lista de condições, por exemplo: depressão, ansiedade, transtorno bipolar, etc.)
- Você está tomando comprimidos ou medicamentos? Se sim, por favor dê detalhes.
- Você tem realizado exames físicos periodicamente?
- Você está tendo ou esperando tratamento (incluindo medicação) ou investigações no momento? Se sim, forneça detalhes da condição, tratamento e datas.

Considerações para seleção e interpretação de testes

Para a realização de avaliação da capacidade de trabalho, a entrevista clínica detalhada fornece a informações mais valiosas. Os instrumentos psicológicos particularmente importantes para triangular com informações da entrevista, do exame do estado mental, e inúmeras ferramentas padronizadas de avaliação de psicopatologia. E, por tratar-se de uma Avaliação Psicológica Compulsória, o comportamento na entrevista e o exame do estado mental são altamente inconsistentes.

Riscos de adequação ao retorno do trabalho

Realizar uma Avaliação Psicológica Psicossocial com objetivo de verificar a adequação para o trabalho pode ser um processo complicado e preocupante. Verifica-se que há uma variedade de riscos legais aos quais um empregador pode estar exposto, como das cláusulas gerais ou leis do Ministério do trabalho, pedidos de demissão injusta, quebra de contrato ou reivindicações sob compensação de trabalhadores e demais aspectos legais. Observa-se que não existe uma forma única de analisar o processo de retorno ao trabalho de cada colaborador, assim cada avaliação deve ser realizada de forma cuidadosa, considerando a particularidade de cada um. Isso em termos psicológicos, psicossociais, de capacidade global para exercer atividade. Os riscos nestes processos são muito tênues para ambos os lados, tanto para a empresa, quanto para o colaborador.

Quais os procedimentos organizacionais em torno do retorno ao trabalho?

A organização deve ter uma política específica em relação ao retorno ao trabalho para funcionários com problemas de saúde mental, como parte de uma política mais ampla de saúde e bem-estar. Essa política de retorno ao trabalho deve (Reavley, 2011):

- Ser formalizada e escrita em linguagem simples, para garantir que fique claro quem é responsável pela execução de quaisquer ações ou procedimentos.
- A organização deve promover a conscientização e um claro entendimento da política para todos os funcionários, e deve garantir que ela seja implementada, apoiada e promovida por todas as partes interessadas.
- A organização também deve garantir que todos entendam suas responsabilidades relacionadas ao retorno ao trabalho, que todos tenham as habilidades e os conhecimentos necessários para colocar suas responsabilidades em prática e que a política seja implementada de forma consistente para todos os funcionários afetados.

É sugerido que uma política ideal de retorno ao trabalho deve incluir pelo menos o seguinte:

- Compromisso de ajudar os funcionários a voltar ao trabalho após licença médica devido a um problema de saúde mental;
- Incentivar seu retorno ao trabalho por meio de ajustes em vez de prolongar a ausência de doença é seguro;
- Expectativas, papéis e responsabilidades de todas as partes envolvidas no processo de retorno ao trabalho;
- O que deve acontecer quando alguém divulga um problema de saúde mental, com o compromisso de garantir que os funcionários que sofreram um problema de saúde mental sejam tratados de forma justa, de forma igual e consistente;

- Como os supervisores devem procurar aconselhamento sobre o problema de saúde mental de um funcionário, as ações que devem tomar e quando e como essa ação será apoiada pela organização;
- Fontes de aconselhamento dentro da organização sobre o que pode ser feito para ajudar retorno do empregado ao trabalho e emprego continuado;
- Os ajustes razoáveis que podem ser feitos para reter um empregado que tenha desenvolvido problema de saúde mental para que eles não sejam colocados em desvantagem em seu trabalho, incluindo a provisão de folga para comparecer às consultas médicas;
- Procedimentos para manter contato com a equipe de licença médica, incluindo quando e como os funcionários devem notificar a ausência e o que é esperado do funcionário com licença médica;
- Provisão para planos de retorno ao trabalho com o consentimento de todos os afetados;
- Definição de responsabilidades para colocar o plano de retorno ao trabalho em ação e revisão de seu progresso, incluindo arranjos para entrevistas de retorno ao trabalho;
- Ligações com outras políticas-chave, como recursos humanos, saúde e segurança, oportunidades iguais, etc., e esquemas de benefícios para funcionários da empresa.

Todas estas sugestões de orientações sobre o retorno ao trabalho, são importantes a implementação das mesmas. Os *feedbacks* sobre as políticas e procedimentos de retorno ao trabalho devem ser solicitados aos funcionários e representantes dos funcionários, com o conteúdo revisado regularmente. Salienta-se a importância de a empresa estar atenta aos aspectos psicossociais e psicopatológicos dos colaboradores. A realização das Avaliação Psicológicas Psicossociais com a periodicidade anual é considerada uma forma de promover e prevenir a saúde emocional do trabalhador, sendo este o fator mais importante para este procedimento.

Considerações Finais

Este estudo teve como propósito elucidar aspectos importantes sobre a Avaliação Psicológica Psicossocial em casos de retorno ao trabalho, após afastamento por diferentes motivos. Os resultados mostraram que avaliação da adequação ao trabalho comumente é denominada como a avaliação da capacidade do trabalhador de trabalhar sem risco para si ou para os outros. Os critérios utilizados para avaliar a adequação, principalmente no que se refere ao trabalho incluem: determinação da capacidade do trabalhador e do risco em relação ao seu local de trabalho, juntamente com considerações éticas, econômicas e legais. Os instrumentos de avaliação devem ser específicos, alterações no local de trabalho para melhorar ou ajustar as condições de trabalho devem sempre ser consideradas (Serra, et al, 2007).

Existe reduzidos estudos sobre o assunto e mostram confusão sobre o processo de tomada de decisão envolvido na determinação da aptidão para o retorno ao trabalho. A Avaliação Psicológica Psicossocial com relação a aptidão para o trabalho e critérios utilizados para esse fim é escassa e não há clareza e critérios de como analisar cada processo em si.

Embora ocorram dificuldades, existe uma clara necessidade de pesquisas futuras para avaliar a eficácia e o impacto das intervenções para avaliar a adequação ao trabalho. Como exemplos: a incerteza do risco de lesões ocupacionais associadas a doenças que podem causar comprometimento súbito, como epilepsia, diabetes e doença cardíaca isquêmica, em relação a lesões provocadas por acidentes de trânsito. Além de transtornos psicopatológicos, que merecem ser foco de atenção (Moshe, Slodownik & Merkel, 2003)

Os registros deverão estar transcritos de forma corrida, ou seja, separados apenas pela pontuação, sem parágrafos, evitando, com isso, riscos de adulterações. No caso em que seja necessária a utilização de parágrafos, o psicólogo deverá preencher esses espaços com traços.

O atestado emitido com a finalidade expressa no item 2.1, alínea b, deverá guardar o laudo correspondente ao processo de avaliação psicológica realizado, nos arquivos profissionais do psicólogo, pelo prazo estipulado nesta resolução, item V.

Prevenção e promoção da saúde do trabalhador: qualidade de vida psicossocial

14

Roberta Fernandes Lopes do Nascimento
Regina Maria Fernandes Lopes

Prevenção riscos psicossociais

Quadro – Estratégias possíveis de prevenção de riscos psicossociais

Perigos	Estratégias de prevenção
Carga de trabalho e local de trabalho	Melhorar o gerenciamento do próprio tempo, melhorar o fluxo de trabalho, garantir pausas suficientes e tempo de recreação, evitar prazos irrealistas, substituir tarefas manuais pesadas por máquinas para reduzir carga de trabalho, evitar incentivar os funcionários a trabalhar regularmente por longas horas.
Ambiente de trabalho	Avaliar o ambiente de trabalho em consulta com os funcionários, garantir que existam sistemas eficazes para identificar e controlar os riscos.
Cultura organizacional e função	Focar na clareza e objetivos em torno das expectativas de trabalho, envolvimento de funcionários fortes, bons relações de colaboração, fornecimento de feedback orientado para o desenvolvimento, transparência e equidade de processos e procedimentos organizacionais.
Relacionamento interpessoal no trabalho	Estabeleça descrições de trabalho e atribuições de tarefas claras, supervisão de apoio, processo decisório e mecanismo previamente acordado para reduzir os conflitos.

Perigos	Estratégias de prevenção
Desenvolvimento de carreira	Considere a possibilidade de usar programas de mobilidade, aconselhamento e aconselhamento de carreira para adequar os indivíduos a empregos. A capacidade e o apoio na estruturação do plano de carreira, é importante usar projetos baseados em equipe para ampliar as habilidades e desenvolver responsabilidades.
Assédio, violência e intimidação	No nível individual, relatar incidentes como comentários e comportamentos inadequados; em nível organizacional, informar o funcionário sobre os direitos legais à proteção, investigar reclamações assédio no trabalho e tomar as medidas adequadas; estabelecer uma política sobre como lidar com a violência, comunicar critérios de violência, incluí-los na avaliação de risco, treinar funcionários, estabelecer um sistema de notificação, fornecer suporte pós-incidente para as vítimas; em caso de *bullying*, estabelecer uma política de nenhuma aceitação ao *bullying*, avaliação de risco, estabelecer um sistema e procedimento de relatório, treinar gestores em gestão de conflitos, fornecer acesso a um serviço de referência independente de funcionários.
Absenteísmo	Desenvolver e implementar políticas de gestão de ausências, treinar e fornecer aos gerentes conselhos e assistência no tratamento de questões difíceis de ausência.
Comportamento de outros funcionários (comportamento, depressão)	Desenvolver e implementar uma política de gerenciamento de estresse de intervenção precoce, fornecer treinamento em enfrentamento competências e gestão individual do stress, considere a necessidade de melhorar o ambiente de trabalho, liderança de apoio.

Fonte: Adaptado de Gyawali (2015).

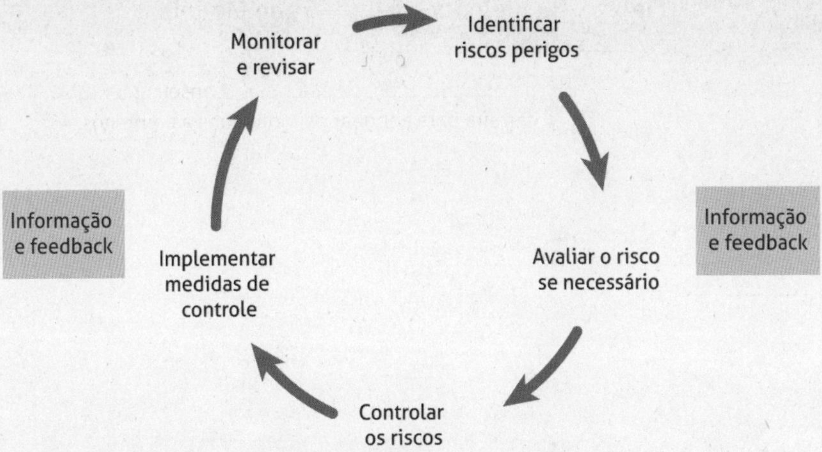

Fonte: Fonte: Adaptado de Gyawali (2015).

Através do conceito de saúde estabelecido pela Organização Mundial de Saúde (OMS) em 1947, descreveu-se sobre a compreensão do indivíduo como um sujeito biopsicossocial. Desta forma, sendo compreendido o desenvolvimento do estilo de vida de cada pessoa, as mudanças de comportamento segundo o que Caplan (1980) destaca o indivíduo necessita de recursos para adaptar-se a rotina e manter-se sadia. Estes recursos estão associados às necessidades físicas como alimentação e habitação; às necessidades psicossociais, sendo as relações interpessoais e o desenvolvimento cognitivo e afetivo; e às necessidades socioculturais, que são os costumes e valores culturais que emergem e influenciam na personalidade de cada pessoa (Murta, Leandro-França, Santos & Polejack, 2015).

A OMS estabelece e utiliza um modelo de melhoria contínua para o desenvolvimento da publicação sobre ambientes de trabalho saudáveis. Trata-se de um modelo para ação para trabalhadores, empregadores, formuladores de política e profissionais. Este programa é fundamental para que se possa garantir que a avaliação das ações planejadas e implementadas para que sejam revisados e objetivem revisar e tornar programas cada vez mais efetivos nos ambientes organizacionais.

Figura – Esquematicamente segue Modelo da Organização Mundial da Saúde para o desenvolvimento de ambientes de trabalho saudáveis (OMS, 2010):

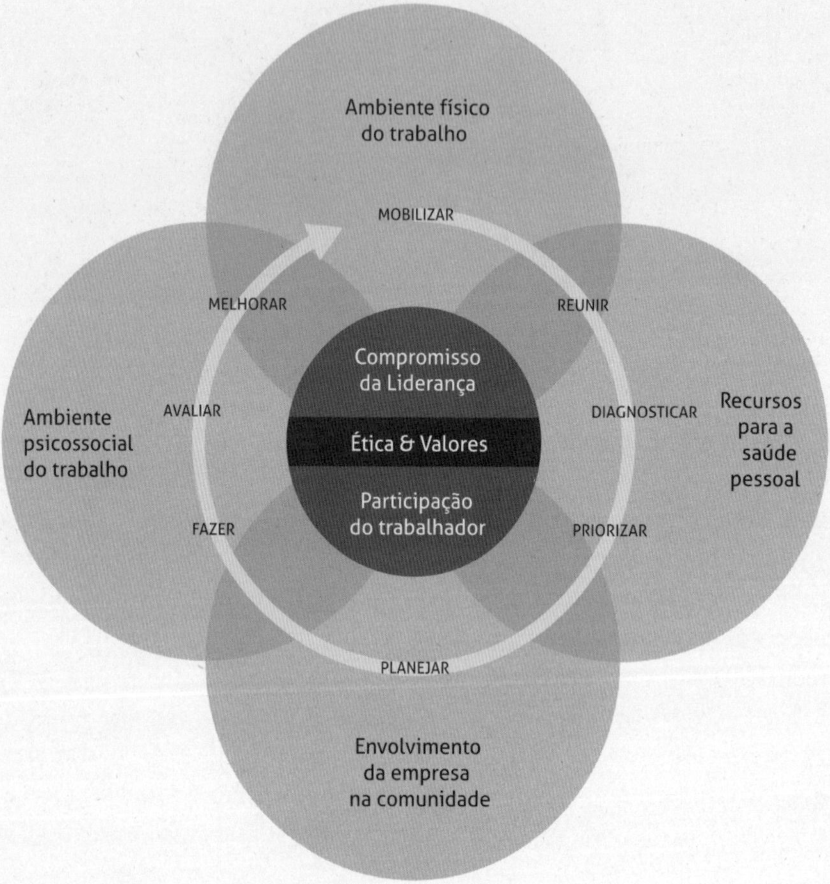

Fonte: OMS (2010)

As relações entre o trabalho e a saúde dos trabalhadores vêm recebendo, nos últimos tempos uma dimensão inovadora, através da globalização. Tais evidencias podem ser acompanhadas inicialmente em 1946, quando Sigerist definiu o conceito de promoção de saúde através das quatro tarefas essenciais da medicina: promoção da saúde, prevenção das doenças, recuperação e reabilitação. Já no modelo de Laevell e Clark (1976), apresentam-se três níveis em relação à prevenção da saúde, sendo:

- A ação primária, que é descrita pelas ações de promoção de saúde e proteção específica, não estando voltada a determinada doença, mas focada no aumento da saúde e bem-estar em geral;
- A ação secundária é direcionada para o diagnóstico e tratamento precoce das doenças;
- A ação terciária é relacionada ao momento de reabilitação da doença em fase avançada e crônica.

Ao longo dos anos, o conceito de promoção de saúde foi se modificando, e associando-se aos valores que envolvem a política de cidadania, democracia, equidade e participação do sujeito nestes contextos. Ainda, envolve as ações do indivíduo no coletivo e, também no desenvolvimento de habilidades pessoais. Como exemplo, o autocuidado e a capacitação são utilizados para a promoção da saúde, que aborda as decisões e participação ativa do sujeito, planejando e executando as ações, de forma que vise a qualidade de vida e a saúde (ANS, 2009).

Já a Lei nº 8.080 (Brasil, 1990) dispõe sobre as condições do trabalhador dentro da empresa, relacionadas à promoção, proteção e recuperação da saúde, tendo o Estado como dever de garantir a criação e execução de políticas públicas que visem a redução de riscos de doenças e outros agravos na saúde do indivíduo. Desta maneira, as Normas Regulamentadoras (NR) foram criadas para padronizar, fiscalizar e fornecer informações sobre os procedimentos básicos das empresas relacionados à segurança e medicina do trabalho. Portanto, todas as empresas devem seguir os procedimentos relacionados à segurança, onde cada NR possui os próprios parâmetros de regulamentação e todas têm como o objetivo a prevenção de acidentes e doenças provocadas pelo trabalho (MTE, 2015).

Acrescentam-se também neste âmbito da saúde do trabalhador, os Serviços Especializados em Engenharia de Segurança e em Medicina do Trabalho (SESMT) que tem como objetivo promover a saúde e proteger a integridade física dos trabalhadores dentro da empresa. Os profissionais do SESMT têm como competências a aplicação dos conhecimentos sobre segurança e medicina do trabalho, realizar atividades relacionadas à prevenção de acidentes do trabalho e doenças ocupacionais, sendo conscientizar, educar e orientar os trabalhadores acerca da prevenção. Além disso, a NR 5, descrita como Comissão Interna de Prevenção de Acidentes (CIPA) tem como objetivo prevenir acidentes e doenças decorrentes do trabalho, visando à preservação da vida e promoção de saúde do trabalhador. Ressalta-se que as atribuições da CIPA é identificar riscos, plano de ação preventiva na solução de problemas de segurança e saúde no trabalho, controle de qualidade de prevenção, avaliar as prioridades de ação no ambiente, divulgar informações para os trabalhadores sobre saúde e segurança, analisar as causas das doenças e acidentes de trabalho e a realização que acontece todos os anos da Semana Interna de Prevenção de Acidentes do Trabalho (SIPAT) (ANS, 2009).

Ressalta-se que as empresas devem ainda elaborar e implementar os Programas de Controle Médico de Saúde Ocupacional (PCMSO), de acordo com a Norma Regulamentadora 07, e Programa de Prevenção de Riscos Ambientais (PPRA). O PCMSO tem como objetivo a promoção e preservação da saúde do trabalhador, levando em consideração incidentes individuais ou que ocorrem de forma coletiva, sendo planejado de acordo com os riscos à saúde dentro da empresa e a realização obrigatória dos exames médicos: admissional, periódico, de retorno ao trabalho, mudança de função e demissional. Já o PPRA, visa a preservação da saúde e integridade dos funcionários através da antecipação relacionada ao reconhecimento, avaliação e controle dos riscos existentes ou que possam existir no local de trabalho (ANS, 2009).

Acrescenta-se que a Lei nº 9.961 (Brasil, 2000) criou a Agência Nacional de Saúde Complementar (ANS) que tem como objetivo regulamentar, normatizar, controlar e fiscalizar as atividades que garantem a assistência suplementar à saúde. A ANS é vinculada ao Ministério da Saúde regula as operadoras setoriais quanto às relações com prestadores e consumidores, contribuindo para o desenvolvimento das ações de saúde no País.

Mais recentemente, as ações de intervenção nos processos de saúde consistem nos recursos físicos, tecnológicos e humanos para responder aos problemas de saúde que existem no coletivo, sendo descritas como o modelo assistencial. Os modelos desenvolvidos para as intervenções de saúde podem ser de natureza médico-curativa e através de ações de promoção e prevenção. A atenção à saúde voltada para a prática médica constitui formas de atuação que trouxeram como consequência o aumento de custos e não levam em consideração os determinantes sociais do indivíduo (Pasche & Hennington, 2006). Já os programas de promoção de saúde e prevenção de riscos e doenças visa mudar este modelo assistencial, promovendo melhoria da qualidade de vida dos beneficiários de planos de saúde, salientando que é possível a prevenção para grande parte das doenças. Estes programas baseiam-se na atenção à integralidade da saúde do sujeito através da produção do cuidado, com o intuito de proteger, recuperar e reabilitar a saúde nos trabalhadores.

> *"Um Programa de Promoção da Saúde e Prevenção de Riscos e Doenças deve possuir um conjunto de atividades organizadas para a prevenção de doenças sob a coordenação multiprofissional, além de acompanhamento, avaliação e monitoramento de indicadores de saúde, sendo este denominado como o direcionamento e planejamento de ações que visam a avaliação e monitoramento de saúde da população"(Adaptado do Manual técnico de promoção da saúde e prevenção de riscos e doenças na saúde suplementar (2009).*

Para a elaboração e implementação destes programas, devem-se tomar como ponto inicial a realização de um diagnóstico demográfico e epidemiológico, que pode ser realizado através de questionários de saúde e doença, identificando os fatores de risco.

Roteiro para um planejamento de como se criar os programas de promoção da saúde e prevenção de doenças:

Roteiro para um planejamento programas de promoção da saúde e prevenção

1. Identificar os dados demográficos e epidemiológicos de beneficiários;
2. Identificar os programas que devem ser implementados;
3. Criar uma justificativa para a implantação do programa, destacando os motivos para a criação do mesmo;
4. Definir os objetivos do programa;
5. Estabelecer o público-alvo (número de pessoas envolvidas; fatores de risco; faixa etária; sexo; pode ser identificado o público-alvo através da realização de exame físico e complementares, questionário sobre perfil de saúde/doença);
6. Estabelecer o número de indivíduos de cada programa em relação à população-alvo;
7. Definir a forma que irá alcançar os participantes do programa e explicar como é feito este contato;

8. Organizar o local que será desenvolvido o programa (colocando a cidade, bairro, etc.);
9. Delinear as atividades que serão desenvolvidas, informar o que será realizado e a frequência das atividades, por exemplo: consultas, exames, palestras, grupos operativos, autoajuda, terapêuticos, atividades multidisciplinares e etc.;
10. Capacitar os profissionais da saúde que farão parte deste programa;
11. Prever e especificar o tempo de permanência do trabalhador no programa;
12. Descrever o tempo de realização das atividades de cada atividade;
13. Apresentar as metas previstas para o programa e os resultados esperados;
14. Estabelecer como a avaliação do programa será realizada (identificar os processos realizados e analisar a eficiência dos mesmos e os resultados obtidos);
15. Indicar as referências que foram utilizadas na elaboração do projeto.

Fonte: Adaptado do Manual técnico de promoção da saúde e prevenção de riscos e doenças na saúde suplementar (2009).

Dentro deste contexto, a saúde do trabalhador atua através das práticas interdisciplinares e interinstitucionais, buscando superar a saúde ocupacional e a medicina do trabalho, abordando demais disciplinas como epidemiologia, administração e planejamento em saúde e as ciências sociais em saúde. Em relação ao processo saúde-doença do trabalhador, compreende-se que este possui relação direta com o trabalho, sendo que a saúde e a doença estão envolvidas e determinadas pelas condições de vida de cada pessoa, assim como, a relação e as condições do ambiente de trabalho que influenciam na saúde do sujeito.

É oportuno lembrar que o trabalho realizado com o foco na saúde do trabalhador deve ser executado de acordo com o Art. 200 da Constituição Federal (Brasil, 1988), onde prevê como competência do SUS: o controle, fiscalização de procedimentos, produtos e substâncias que estão relacionadas ao ambiente de trabalho, além de promover ações neste aspecto. Assim como, a Política Nacional de Saúde do Trabalhador e da Trabalhadora (PNST), que define diretrizes e estratégias no âmbito federal, estadual e municipal, visando ações para atenção integral à saúde do trabalhador e promoção de saúde. Considerar que os trabalhadores independentes da localização, forma de trabalho (CLT ou não), público ou privado, aposentado ou desempregado, podem ser orientados a PNST. Esta proporciona ações individuais ou coletivas com o objetivo de promover assistência e recuperação de agravos, além de promoção, prevenção, vigilância e intervenção acerca dos fatores determinantes de saúde dos trabalhadores através de planejamentos e avaliações com as práticas de saúde.

Sempre partir da ideia que a promoção de saúde envolve três contextos que permeiam a vida do indivíduo, sendo eles:

- *O primeiro contexto:* Modo de viver, que se relaciona com a alimentação, atividade física, lazer, redução de riscos e danos, etc.;
- *O segundo contexto:* São as condições e relações de trabalho que abrange o ambiente de trabalho, redução de doenças ocupacionais e acidentes de trabalho e serviços de saúde humanizados;
- *O terceiro contexto:* Por último, destaca-se o contexto ambiental, relacionado à violência, a presença de algum tipo de doença em uma população ou mortalidade por causas externas, assim como, saneamento e qualidade de vida e saúde.

Portanto, as condições e relações de trabalho estão diretamente ligadas às práticas de promoção de saúde, sendo que são contextos que se deve intervir pela busca de melhoria em condições de vida (Campos, Barros & Castro, 2004).

Deste modo, no local de trabalho, a promoção de saúde é definida como um empenho dos empregadores, trabalhadores e sociedade com o objetivo de melhorar a saúde e bem-estar das pessoas neste ambiente. Alguns pontos são destacados como o conjunto de fatores que propiciem o local de trabalho com a saúde e bem-estar, sendo:

- A melhora na organização das atividades e no ambiente de trabalho;
- A participação dos trabalhadores em atividades saudáveis e o incentivo da empresa para isto;
- A empresa disponibilizar essas escolhas saudáveis e estimular o desenvolvimento pessoal de cada indivíduo.

Neste sentido, destacam-se diferentes formas que a empresa pode promover a promoção de saúde no ambiente de trabalho, no âmbito organizacional, ambiental e individual:

- **Organizacional:**
    - Flexibilizar os horários e locais de trabalho;
    - Propiciar que os trabalhadores participem dos processos de melhoria no que abrange a organização e ambiente de trabalho;
    - Promover oportunidades de aprendizagem aos trabalhadores.
- **Ambiental:**
    - Criar espaços para socialização dentro da empresa;
    - Aplicar a proibição de fumar;
    - Promover um ambiente que incentive o plano psicossocial.
- **Individual:**
    - Disponibilizar e financiar cursos e eventos relacionados a prática esportiva;
    - Incentivar que os trabalhadores sigam uma alimentação saudável;
    - Promover programas de desabituação tabagismo;
    - Contribuir e apoiar o bem-estar mental, viabilizando acompanhamento psicossocial externo e também aconselhamento.

Fonte: Adaptado do artigo: Promoção da saúde no local de trabalho para empregadores (2010).

A característica de uma organização bem-sucedida apresenta-se por trabalhadores saudáveis e um ambiente de trabalho que seja incentivador. Desta forma, o investimento na promoção de saúde dentro de uma empresa é importante e essencial para a melhoria do bem-estar e a saúde dos trabalhadores, além de contribuir para a redução de ausências e atrasos no trabalho; maior motivação e aumento da produtividade; facilidade no recrutamento para a empresa; imagem positiva e incentivadora da empresa e uma redução na rotação dos trabalhadores.

Para colocar em prática um programa de promoção de saúde no local de trabalho é importante levar em consideração que este processo não é um processo mecânico e igual para todas as empresas e por isso, cada organização tem a necessidade de adaptar os objetivos e princípios da promoção da saúde naquele ambiente de trabalho. Destaca-se também a participação e empenho de todos os envolvidos, fazendo com que esteja em sintonia o planejamento do programa e as práticas, assim como, a integração e participação em todas as etapas de execução, priorizado as necessidades da organização com as necessidades dos trabalhadores.

Existem quatro etapas que podem ser seguidas para a criação do programa, sendo feitos os ajustes necessários de acordo com cada organização.

- A primeira etapa é denominada como a **preparação** para o programa:
    - Deve ser criado um grupo que se responsabilize pelo planejamento e aplicação do programa de promoção da saúde no local de trabalho.
    - O modelo indicado para definir os integrantes dos grupos é ser compostos por:
        - Superiores.
        - Trabalhadores.
        - Setor de recursos humanos.
        - Comissão de saúde e segurança no trabalho.

Salienta-se ainda nesta etapa a comunicação para todos sobre o programa de saúde, através de reuniões, cartazes, painéis informativos e etc. Também se deve garantir o cumprimento dos riscos profissionais, sendo que assim, o programa de promoção de saúde faz-se mais efetivo.

- A segunda etapa é definida como o momento do **planejamento**:
    - Avaliar as necessidades que devem ser potencializadas no programa, através da avaliação das necessidades e expectativas dos trabalhadores, podendo ser realizada através de:
        - Grupos de discussão.
        - Questionários on-line.
        - Análise dos dados existentes da empresa, como dados estatísticos, demográficos, absentismo, rotação de pessoal e etc.
    - Decidir quais são as prioridades do programa de promoção de saúde no local de trabalho, após ter estabelecido as necessidades/objetivos.
    - Integrar as atividades de prevenção de riscos com o programa de promoção de saúde, assim como, atividades saudáveis que já existem na empresa.
    - Oportunizar que todos os trabalhadores participem.

- A terceira etapa é a **realização** do programa:
  - Deve-se ter o apoio ativo dos superiores e demais subsistemas da empresa, sendo um ponto importante para a criação de uma cultura saudável no local de trabalho.
  - É importante envolver os trabalhadores neste processo, fazendo com que o programa esteja de acordo e alinhado com as necessidades dos mesmos.
  - Pode-se criar incentivos que motivem os trabalhadores a participarem, como: prêmios pela participação no programa de saúde no local de trabalho, tempo livre para participação e incentivo financeiro que seja para atividades externas e saudáveis para promover aos trabalhadores.
  - Deve-se analisar o público-alvo para adaptação dos materiais que serão utilizados.
- A quarta etapa é a **avaliação** do programa:
  - Deve ser avaliado como foi implantado e a importância do programa de promoção de saúde no local de trabalho, priorizando os pontos de satisfação pessoal do trabalhador e os aspectos econômicos da empresa em questão de rotação de pessoal, produtividade e absentismo.
  - Deve informar os resultados da avaliação aos envolvidos.
  - A partir desta avaliação, destaca-se o que foi alcançado e o que pode ser modificado como planos para o futuro.

Quadro – Aspectos importantes do processo

Importante para este processo: • O programa de promoção de saúde no local de trabalho é um processo contínuo. • Deve-se refletir sobre a avaliação realizada, acompanhando os sinais de sucesso e/ou de insucesso, que ajudará na melhoria do programa. • Quando se aplica um programa de promoção de saúde no local de trabalho, o mesmo baseia-se na cultura da empresa. Dessa forma, entende-se que se deve oferecer um ambiente de trabalho seguro e saudável. • O programa de promoção de saúde no local de trabalho só apresentará bons resultados se estiver integrado a todos os processos organizacionais da empresa.

Programas incluindo Atividades Físicas

Toda empresa que investir em seus colaboradores com programas especiais para melhorar a qualidade de vida, pode ser considerada um local privilegiado para trabalhar. Um dos programas indicados é a atividade física, que é amplamente reconhecido que a participação em atividades físicas produz uma série de benefícios fisicos, mentais, sociais, econômicos e ambientais, para a própria pessoa e para a sociedade.

1. *Benefícios físicos* – Os benefícios incluem: risco reduzido de desenvolver hipertensão e Acidente Vascular cerebral (AVC), risco reduzido de desenvolver alguns tipos de câncer, como cólon e câncer de mama, risco reduzido de morte prematura por doença cardiovascular e colesterol alto, risco menor de desenvolver Diabetes (Diabetes tipo 2). Manter um peso saudável e melhora na qualidade de vida, aumento da força muscular e óssea, melhoria no sono e aumento da energia.
2. *Benefícios mentais* – Os benefícios abrangem: sentimentos reduzidos de depressão, estresse e ansiedade. Aumento da capacidade de concentração e memorização, assim como aumento da autoestima e autoconfiança. Também, a consciência mental geral e o bem-estar psicológico.
3. *Benefícios sociais* – Os benefícios compreendem: reduzido senso de isolamento e de solidão, aumento das habilidades sociais e da autoestima. Bem como aumento da conexão entre a família e a comunidade. Melhorias nas redes comunitárias e no capital social.
4. *Benefícios econômicos* – Os benefícios incluem: melhoria da produtividade no local de trabalho e redução do absenteísmo de métodos de transporte e redução dos custos de assistência médica.
5. *Benefícios ambientais* – Os benefícios abarcam: reduzida necessidade de grandes espaços para dirigir e estacionar veículos motorizados, redução do congestionamento do tráfego, redução da poluição do ar e das emissões de gases de efeito estufa, redução da poluição sonora.

Proposta de Avaliação Psicológica Psicossocial para empresas: como fazer?

15

Roberta Fernandes Lopes do Nascimento
Carolina Martins Carminatti

É possível atuar profissionalmente neste contexto, como Psicólogo (a) funcionário (a) de uma empresa, ou como prestação de serviços de forma autônoma. Para tanto, nas duas formas de trabalho torna-se imprescindível a apresentação de um projeto ou uma proposta de prestação de serviços.

Em casos de prestação de serviços de forma autônoma, recomenda-se a apresentação em forma de Proposta de Prestação de Serviços. De maneira mais especifica, sugere-se que na proposta contenha os dados bem explicados, de forma estruturada para que quem vai receber possa compreender a forma como o trabalho vai ser realizado.

Uma proposta comercial pode ser definida como um meio de apresentar seu produto ou serviço como uma oferta destinada a determinado cliente. Desta forma, deve abranger todas as informações sobre o que está sendo oferecido, apresentando:

- Introdução (introduzir a problemática e explicar por que é necessário este serviço);
- Objetivo do serviço (exemplificar o que pretende atingir);
- Quais os procedimentos que serão realizados;
- Delinear sobre o investimento;

- Exibir o tempo de realização do processo;
- Relatar as referências que embasam o processo;
- Apresentar um mini currículo do profissional que irá desenvolver este processo, bem como, um portfólio com trabalhos (se) realizados anteriormente.

Apresentam-se abaixo os aspectos importantes que devem conter em uma proposta para Avaliação Psicossocial. A introdução abrange os aspectos da necessidade da realização de uma avaliação, exigida pelas Normas Regulamentadoras (NRs), considerando os riscos envolvidos em cada atividade, sendo necessária uma avaliação para atestar a aptidão ou inaptidão do sujeito para exercer determinada função. Salienta-se que os riscos envolvem fatores psicológicos e sociais, pode comprometer a saúde física e psíquica do trabalhador. Este processo além de ser feito no momento da contratação, é realizado periodicamente, visando acompanhar e avaliar as condições psicológicas deste trabalhador na sua atividade em questão.

O objetivo da avaliação é investigar os processos psicológicos e sociais do indivíduo, analisando suas capacidades cognitivas, habilidades e características da personalidade que podem influenciar o seu desenvolvimento no trabalho. Sendo assim, a avaliação irá identificar as consequências do trabalho e a relação com o estresse, emoção, depressão, ansiedade, distúrbios do sono e outros. Com isso, ao investigar as condições psicológicas do profissional, o mesmo trabalhará em segurança, sem pôr em risco a si e outros profissionais no ambiente de trabalho, visando a prevenção e promoção de saúde. Além disso, possibilita à empresa a adoção de medidas preventivas em relação à saúde mental do trabalhador, auxiliando na diminuição dos riscos de acidentes, redução do absenteísmo e afastamentos devido a transtornos mentais, contribuindo de forma positiva e estratégica nos processos da empresa (Ministério do Trabalho e Emprego, 2013b).

Os procedimentos utilizados para a realização da avaliação são a entrevista e testes psicológicos. A entrevista é a etapa que o Psicólogo conhece o histórico pessoal e profissional do trabalhador, obtendo informações sobre a vida atual em questão de relacionamento, histórico e vida familiar, indicadores de saúde, características pessoais, histórico profissional, objetivos futuros, sobre sua rotina e demais aspectos. A relação desenvolvida no momento da entrevista também é importante para avaliar o processo de avaliação em si. Os testes são instrumentos padronizados, sendo considerado uma medida para avaliar diferentes aspectos e características de uma pessoa, sendo eles: atitudes, valores, comportamento, personalidade, aptidões intelectuais e específicas. Sendo assim, o indivíduo além de possuir uma boa condição física, deve estar preparado psicologicamente trabalhar em situações de risco (Macedo & Carrasco, 2005; Scorsolini-Comin, 2016).

É importante ressaltar na parte dos procedimentos na proposta que não existem testes psicológicas específicos para serem utilizados na Avaliação Psicossocial, mas são selecionadas habilidades específicas que se pretende avaliar. As habilidades fundamentais para serem avaliadas são a inteligência geral, tendo como objetivo avaliar a capacidade de processamento na resolução de tarefas a partir da análise de diferentes tipos de raciocínio. A atenção também é importante de ser avaliada, sendo avaliada a atenção concentrada, que é a capacidade do indivíduo em selecionar determinada atividade e manter o foco integralmente a ela. Já a atenção difusa compreende a capacidade de focar em mais de uma atividade ao mesmo tempo diante diversos estímulos. A atenção alternada avalia a capacidade de prestar atenção ora em um estímulo, ora em outro e por último, a atenção dividida que é a capacidade de dividir a atenção em mais de uma atividade ao mesmo tempo (Cambraia, 2009). Outra habilidade a ser avaliada é a memória, visando avaliar a capacidade da pessoa em guardar uma informação para utilizá-la posteriormente. Por fim, destaca-se a importância de avaliar os traços de personalidade, estresse e estabilidade emocional (Pasquali, 2010). A Avaliação Psicossocial deve ser realizada de forma periódica, salientando que o ser humano encontra-se em constante mudança e dessa forma, deve ser avaliado em diferentes momentos da vida, pois mesmo que no momento da avaliação na contratação o sujeito apresentar condições adequadas e psíquicas, pode posteriormente apresentar algum distúrbio psíquico, afetando no desenvolvimento das suas atividades (Glina & Rocha, 2010).

Princípios para elaboração de uma proposta

É por meio da proposta comercial que a empresa terá todas as informações sobre o produto/serviço oferecido. Desta forma, é importante elaborar um bom documento que consiga apresentar o seu trabalho. Os pontos importantes que devem ser levados em consideração para elaboração de uma proposta:

- Pesquisar sobre o cliente que você pretende enviar sua proposta, visando conhecer a empresa e estar preparado para mostrar seu conhecimento para o cliente;
- Apresentar a empresa, mostrando os clientes, trabalhos que já foram desenvolvidos e a experiência de acordo com a área da empresa em questão;
- Evitar usar uma proposta comercial padrão, visando não prejudicar o objetivo com cada empresa, além de ser um momento priorizado àquela empresa, devendo mostrar o quanto está atento ao que cada cliente precisa;
- Definir o objetivo da proposta e apresente o que foi desenvolvido de acordo com o perfil do cliente;
- Utilizar uma linguagem objetiva e clara, conectando os serviços oferecidos com os objetivos elencados;
- Descrever a metodologia que será utilizada para alcançar os objetivos que foram mencionados no começo da proposta;
- Relatar como funciona e como será realizado cada um dos processos que foram selecionados para esta proposta;
- Apresentar o prazo para realização do trabalho e o que será entregue durante a prestação de serviço;
- O investimento pode ser apresentado de forma detalhada em uma tabela, contendo um breve resumo do que está incluso no valor de determinado serviço, a carga horária e preço, identificando se o valor cobrado é por hora, mensal, trimestral, semestral, etc., e a forma de pagamento;
- Descrever sobre as possíveis normas e condições deste processo, como: multas, cobrança adicionais (serviços extras), cancelamento de serviços, juros etc.;

É importante incluir um Termo de Confidencialidade que deve ser entregue a empresa, visando que a mesma não divulgue o valor dos serviços e as informações referentes à proposta;

Identificar o profissional que irá executar este processo através de um mini currículo, experiências relacionadas à proposta em questão e informações de contato;

Por fim, revisar a proposta antes de enviar para a empresa, atentando-se para a estrutura, parte gramatical e ortográfica, evitando dados incorretos que possam comprometer o trabalho.

É importante salientar o que profissional deve estar preparado para responder as perguntas pertinentes que serão feitas sobre a proposta. Sendo assim, deve manter uma postura adequada, calma e receptiva, além de mostrar que domina o assunto e trabalho da proposta realizada.

Modelo de Proposta Comercial – Avaliação Psicossocial

Fátima da Silva
Psicóloga - CRP: 00/00000

PROPOSTA DE PRESTAÇÃO DE SERVIÇOS
DE AVALIAÇÃO PSICOLÓGICA PSICOSSOCIAL

Empresa Contratante: Empresa X
Nome do responsável: xxxxxxxxxxxxxxxx **Cargo: xxxxxxxxx**
Contato Telefone: +55 (xx) xxxxx-xxxxx
E-mail: xxxxxxxxxxxxxxx
Empresa Contratada: Proposta para a empresa Z

INTRODUÇÃO

O ambiente de trabalho é um meio está inteiramente ligado a rotina do indivíduo, contribuindo de forma positiva, porém, também pode apresentar adoecimento do mesmo. As Normas Regulamentadoras (NRs) consideram os riscos de trabalho que estão envolvidos nas atividades diárias de um trabalho, tem influência nos fatores psicológicos e sociais do indivíduo, podendo comprometer sua saúde física e mental. Desta forma, é necessária a realização de uma Avaliação Psicológica para avaliar aspectos comportamentais, habilidades específicas e a personalidade que atestam a aptidão ou inaptidão para exercer a função em questão. É importante considerar que uma avaliação psicossocial consistente e precisa possui relação custo benefício altamente favorável, na perspectiva da segurança jurídica e econômica para a empresa.

Salienta-se que a avaliação é realizada na contratação do trabalhador e também periodicamente, pois dessa forma, poderá acompanhar este sujeito e avaliar suas condições psicológicas diante a atividade que está sendo exercida.

OBJETIVO

O objetivo de realizar uma Avaliação Psicológica psicossocial é investigar as condições psíquicas na realidade pessoal, social e laboral. Prevê a avaliação de risco contra si mesmo e em relação aos colegas de trabalho, visa à prevenção e promoção de saúde. A investigação dessas condições propõe analisar as atitudes, comportamentos, produção, capacidades cognitivas, habilidades específicas e traços de personalidade que influenciam no jeito de ser do indivíduo e consequentemente no seu desenvolvimento no trabalho. Acrescenta-se também adoção de medidas preventivas em relação a saúde mental do trabalhador que influenciam na diminuição de fatores como: riscos de acidentes no trabalho, absenteísmo e afastamentos.

PROCEDIMENTOS / METODOLOGIA

O processo de avaliação psicológica é composto pela entrevista inicial, abordando aspectos pessoais e laborais do indivíduo. Os testes psicológicos são utilizados para avaliar diferentes aspectos, características e habilidades, de acordo com a função que será exercida e com as atividades descritas na Norma Regulamentadora em questão.

INVESTIMENTO

O procedimento de Avaliação Psicológica Psicossocial, envolvendo a entrevista, instrumentos psicológicos e devolução dos resultados, com cada colaborador participante, o investimento é de R$ XX, XX ou a combinar.

CRONOGRAMA

Criar um cronograma com as datas, estipulando as datas que serão realizadas as avaliações, a quantidade de colaboradores participantes, assim como, as datas de resultado e devolutivas.

REFERÊNCIAS

Colocar aqui as referências utilizadas nesta proposta.

INFORMAÇÕES DO PROFISSIONAL

Colocar mini currículo

Av. Rosa dos Ventos, 15- Cidade- R.J.

E-mail: xxxxxxxxxxxxxxx Telefone: +55 (xx) xxxxx-xxxxx

Referências

Agência Europeia para a Segurança e Saúde no Trabalho. (2010). *Promoção da saúde no local de trabalho para empregadores*. Espanha: Printed in Belgium.

Agência Nacional de Saúde Suplementar – ANS. (2009). *Manual técnico de promoção da saúde e prevenção de riscos e doenças na saúde suplementar.* 3. Ed. em. e atual. Rio de Janeiro: ANS.

Alchieri, J. C. (2003). *Guia de Orientação e Procedimentos de Avaliação Psicológica* (Apostila). Curso de Especialização em Psicologia Clínica, Ênfase em Avaliação Psicológica/ Laboratório de Mensuração Instituto de Psicologia, Universidade Federal do Rio Grande do Sul.

Almeida, L. (2015). *BPR-5: Bateria de provas de raciocínio.* São Paulo: Casa do Psicólogo.

Almeida, L. S. (1994). *Inteligência: Definição e medida.* Aveiro, PT: CIDInE.

Alves, I. C. B. (2007). *Teste D.70: manual revisado e ampliado.* São Paulo: Centro Editor de Testes e Pesquisas em Psicologia.

Alves, I. C. B. (2002). *R-1 Teste Não Verbal de Inteligência.* São Paulo: Vetor.

Ambiel, R. A. M., Rabelo, I. S., Pacanaro, S. V., Alves, G. A. S., & Leme, I. F. A S. (2016). *Avaliação psicológica: guia de consulta para estudantes e profissionais de psicologia.* São Paulo: Casa do Psicólogo.

American Psychiatric Association (2023). Manual Diagnóstico e Estatístico de Transtornos Mentais / *Diagnostic and Statistical Manual of Mental Disorders* - 5th ed. (DSM-5-TR). Porto Alegre: Artmed.

Barbosa. L. C., & Martinez, M. C. (2018). Saúde do Trabalhador: Aspectos Psicossociais e Responsabilidades dos Profissionais Envolvidos. *R. Laborativa,* 7(1), 88-95.

Bernabeu, M., & Roig, T. (1999). *La rehabilitación del traumatismo craneo encefálico: um enfoque interdisciplinar.* Barcelona: Fundación Instituto Guttmann.

Brasil. (1988). *Constituição da República Federativa do Brasil de 1988.* Recuperado de: http://www.planalto.gov.br/ccivil_risidadescrisidadescao.htm

Brasil. (1990). *Lei nº 8.080, de 19 de setembro de 1990. Dispõe sobre as condições para a promoção, proteção e recuperação da saúde, a organização e o funcionamento dos serviços correspondentes e dá outras providências.* Recuperado de: http://www.planalto.gov.br/ccivil_03/leis/l8080.htm

Brasil. (2000). *Lei nº* **9.961 de 28 de janeiro de 2000.** *Cria a Agência Nacional de Saúde Suplementar – ANS e dá outras providências.* Recuperado de: http://www.planalto.gov.br/ccivil_03/leis/L9961.htm

Brasil. (2017). *Consolidação das Leis do Trabalho – CLT e normas correlatas.* Recuperado de: https://www2.senado.leg.br/bdsf/bitstream/handle/id/535468/clt_e_normas_correlatas_1ed.pdf

Brasil. Ministério da Previdência e Assistência Social. (1999). *Decreto nº 3.048, de 06 de maio de 1999.* Recuperado de: http://www010.dataprev.gov.br/sislex/paginas/23/ 1999/3048.html

Brasil. Ministério da Fazenda. (2018). *Acompanhamento Mensal dos Benefícios Auxílios-Doença Previdenciários Concedidos segundo os Códigos da CID-–0 - Janeiro a Dezembro de 2017.* Recuperado de: http://sa.previdencia.gov.br/site/2018/03/Auxilio-Doen%C3%A7a-Previdenciario_2017_completo_CID.pdf

Brasil. Ministério da Saúde. (1999). *Portaria Federal nº 1.339/–M - MS, de 18 de novembro de 1999.* Recuperado de: http:// www.saude.ba.gov.br/concurso_vigilancia/Leis%20e%20Portarias/

Brasil. Ministério da Saúde. (2001). *Doenças relacionadas ao trabalho: Manual de procedimentos para os serviços de saúde.* Brasília, DF: MS.

Brasil. Ministério do Trabalho e Emprego. (2006). *Segurança e saúde nos trabalhos em espaços confinados.* Recuperado de: http://www.mte.gov.br

Brasil. Ministério do Trabalho e Emprego. (2012). *NR 33 Segurança e Saúde nos Trabalhos em Espaços Confinados.* Recuperado de: http://www.mte.gov.br

Brasil. Ministério do Trabalho e Emprego. (2013a). *NR –7 - Programa de Controle Médico de Saúde Ocupacional.* Recuperado de: http://www.mte.gov.br

Brasil. Ministério do Trabalho e Emprego. (2013b). *Guia Técnico da NR 33.* Recuperado de: http://portal.mte.gov.br/seg_sau/guia-tecnico-da-nr-33.htm.

Brasil. Ministério do Trabalho e Emprego. (2014). *NR 35 Trabalho Em Altura.* Recuperado de: http://www.mte.gov.br

Brasil. Ministério do Trabalho e Emprego. (2015). *Normas Regulamentadoras.* Recuperado de: http://www.mte.gov.br

Brasil. Ministério do Trabalho e Emprego. (2016). *NR –4 - Condições e Meio Ambiente de Trabalho na Indústria da Construção, Reparação e Desmonte Naval.* Recuperado de: http://www.mte.gov.br

Brasil. Ministério do Trabalho e Emprego. (2017). *NR –0 - Segurança e Saúde no Trabalho com Inflamáveis e Combustíveis.* Recuperado de: http://www.mte.gov.br

Brasil. Ministério do Trabalho e Emprego. (2024). *NR 01: Disposições Gerais e Gerenciamento de Riscos Ocupacionais.* Portaria MTE nº 1.419, de 27 de agosto de 2024. Recuperado de https://www.gov.br/trabalho-e-emprego

Brasil. Secretaria Especial de Previdência e Trabalho. (2017). *Auxílio doença previdenciário 2017.* Recuperado de: http://www.previdencia.gov.br/dados--abertos/estatsticas/tabelas-cid-10/

Brickenkamp, R., Schimidt-Atzert, Liepmann, D. (2018). *Teste d2-R: Atenção concentrada.* São Paulo: Hogrefe.

Bureau of Labor Statistics. Washington: United States Department of Labor, 2006. *Workplace injuries and illness in 2005.* [citado 2007 mai 9]. Recuperado de: http://www.bls.gov/iif/oshwc/osh/os/osnr0025.pdf

Cambraia, S. V. (2009). *Teste AC* (4ª ed.). São Paulo: Vetor.

Campos, G.W., Barros, R.B., & Castro, A.M. (2004). Avaliação da política nacional de promoção da saúde. *Ciência e Saúde Coletiva.* Recuperado de: http://www.scielo.br/pdf/csc/v9n3/a20v09n3.pdf

Cardoso, H. F., & Baptista, M. N. (2016). *EPSUS – Escala de Percepção do Suporte Social: adulto.* São Paulo: Hogrefe.

Cardoso, H. F., Baptista, M. N., Santos, A. A. A., Noronha, A. P. P., & Santos, A. A. A. (2016). *ESUL: Escala de Suporte Laboral.* São Paulo: CETEPP.

Cardoso, T. (2013). *Escala dos Pilares da Resiliência (EPR).* São Paulo: Vetor.

Carneiro, A. M., & Baptista, M. N. (2015). *EPD – Escala de Pensamentos Depressivos.* São Paulo: CETEPP.

Chagas, D. (2015). Riscos psicossociais no trabalho: causas e consequências. *International Journal of Developmental and Educational Psychology INFAD Revista de Psicología,1*(2), 439-446. doi: http://dx.doi.org/10.17060/ijodaep.2015.n1.v2.24

Chartered Institute of Personnel and Developmen – CIPD. (2011). *Managing and supporting mental health at work: disclosure tools for managers.* Recuperado de: https://www.mind.org.uk/media-a/5823/managing_and_supporting_mh_at_work.pdf

Cheniaux, E. (2015). *Manual de Psicopatologia.* Rio de Janeiro: Guanabara Koogan.

Ciconelli, R.M., Ferraz, M, B., Santos, W. Meinão, I. & Quaresma, M. R. (1999). Tradução para a língua portuguesa e validação do questionário genérico de avaliação de qualidade de vida SF-36 (Brasil SF-36). *Revista Brasileira de Reumatologia, 39*(3), 143-150.

Cohen, R. J., Swerdlik, M. E., Sturman, E. D. (2014). *Testagem e Avaliação Psicológica: Introdução a Testes e Medidas.* Porto Alegre: AMGH Editora.

Conselho Federal de Psicologia – CFP. (2005). *Resolução CFP n° 010/05 de agosto de 2005. Aprova o Código de Ética Profissional do Psicólogo.* Brasília: Conselho Federal de Psicologia.

Conselho Federal de Psicologia – CFP. (2009). *Resolução CFP nº 001/2009 de março de 2008.Dispõe sobre a obrigatoriedade do registro documental decorrente da prestação de serviços psicológicos.* Brasília: Conselho Federal de Psicologia.

Conselho Federal de Psicologia – CFP. (2010). *Avaliação psicológica: diretrizes na regulamentação da profissão.* Brasília: Conselho Federal de Psicologia.

Conselho Federal de Psicologia – CFP. (2013). *Cartilha avaliação psicológica.* Brasília: Conselho Federal de Psicologia.

Conselho Federal de Psicologia – CFP. (2018). *Resolução CFP n° 009/2018 de abril de 2018. Estabelece diretrizes para a realização de Avaliação Psicológica no exercício profissional da psicóloga e do psicólogo, regulamenta o Sistema de Avaliação de Testes Psicológicos – SATEPSI e revoga as Resoluções n° 002/2003, nº 006/2004 e n°005/2012 e Notas Técnicas n° 01/2017 e 02/2017.* Brasília: Conselho Federal de Psicologia.

Conselho Federal de Psicologia – CFP. (2019). *Resolução CFP nº 06/2019.* Recuperado de: https://site.cfp.org.br/

Conselho Federal de Psicologia – CFP (2022) *Resolução nº31/2022.* Estabelece diretrizes para a realização de Avaliação Psicológica no exercício profissional da psicóloga e do psicólogo, regulamenta o Sistema de Avaliação de Testes Psicológicos - SATEPSI e revoga a Resolução CFP no 09 /2018. Recuperado de: https://site.cfp.org.br/

Conselho Federal de Psicologia – CFP (2023) *Resolução nº 14/2023.* Regulamenta o exercício profissional da psicóloga e do psicólogo na realização de avaliação de riscos psicossociais relacionados ao trabalho, no âmbito das Normas Regulamentadoras do Ministério do Trabalho e Previdência. Disponível: https://site.cfp.org.br/

Conselho Regional de Psicologia – CRP. (2016). *Avaliação dos fatores de risco psicossociais: o trabalho dos/as psicólogos/as conforme previsão das Normas 33 e 35.* Porto Alegre: Conselho Regional de Psicologia.

Cordioli, A.V., Zimmermann, H.H., & Kessler, F. (2004). *Rotina de avaliação do estado mental.* Recuperado de: http://www.ufrgs.br/psiquiatria/psiq/Avalia%C3%A7%C3%A3o%20%20do%20Estado%20Mental.pdf

Cordioli, A.V., Zimmermann, H. H., & Kessler, F. (2004). *Rotina de avaliação do estado mental.* Recuperado de: http://www.ufrgs.br/psiquiatria/psiq/Avalia%C3%A7%C3%A3o%20%20do%20Estado%20Mental.pdf

Cowell, J. W. (1986). Guidelines for fitness-to-workexaminations. *CMAJ, 135,* 985–988. Recuperado de: https://www.ncbi.nlm.nih.gov/pmc/articles/PMC1491271/pdf/cmaj00129-0027.pdf

Cox, R. A. F., Edwards, F. C., & Palmer, K. (2000). *Fitness for work. The medical aspects.* Oxford: Oxford Medical Publications,

D´Elia, L. F., Satz, P., Uchiyana, C. L., & White, T. (2010). *Teste de Trilhas Coloridas (CTT).* São Paulo: Casa do Psicólogo.

Dalgalarrondo, P. (2008). *Psicopatologia e semiologia dos transtornos mentais.* Porto Alegre: Artmed.

De Kort, W., & Van Dijk, F. (1997). Preventive effectiveness of pre-employment medical assessments. *OccupEnvironMed*, 541-546.

Derogatis, L. R. (2019). *BSI – Inventário Breve de Sintomas.* São Paulo: Pearson Clinical Brasil.

Dejours, C. (1987). *A Loucura do Trabalho.* São Paulo: Cortez-Oboré.

Derogatis, L. R. (2019). *Inventário Breve de Sintomas (BSI): Manual de aplicação e correção.* São Paulo: Pearson.

Dias, E. C. (Org.). (2001). *Doenças relacionadas ao trabalho: manual de procedimentos para os serviços de saúde.* Brasília: Ministério da Saúde do Brasil.

Fernandes, C., & Pereira, A.(2016). Exposição a fatores de risco psicossociais no contexto de trabalho: uma revisão sistemática. *Revista de Saúde Pública*, 50, 24. Epub 24 de maio de 2016. https://doi.org/10.1590/S1518-8787.2016050006129.

Flores-Mendoza, C. E., & Nascimento, E. (2005). *MPM Medida de Prontidão Mental.* São Paulo: Edites.

García-Molina, A.Tirapu-Ustárroz, J., & Roig-Rovira, M. T. (2007). Validez ecológica em laexploración de las funciones ejecutivas. *Anales de Psicología, 23*(2), 289-299.

Glina, D. M. R., & Rocha, L. E. (2010). *Saúde Mental no Trabalho: da teoria à prática.* São Paulo: Editora Roca.

Glina, D. M. R., & Rocha, L. E. (2010). *Saúde Mental no Trabalho: da teoria à prática.* São Paulo: Roca.

Godoy, V. P. (2018). *BDEFS: escala de avaliação de disfunções executivas de Barkley.* São Paulo: Hogrefe.

Gorenstein, C., Argimon, I. I. de L., Wang, Y.-P., & Werlang, B. S. G. (2014). *BDI-II: Inventário de Depressão de Beck II.* São Paulo: Casa do Psicólogo.

Guimarães, L. A. M., & Grubits, S. (2004). *Saúde mental e trabalho.* São Paulo, Casa do Psicólogo.

Guimarães, L. A. M., Martins, D. A. M., & Botelho, A. S. O. (2013). Contribuições para a avaliação psicossocial da Norma Reguladora 33 (NR 33). *Perspectivas em Gestão & Conhecimento, 3*, 57-66.

Günther, H. (2006). Pesquisa qualitativa *versus* pesquisa quantitativa: esta é a questão? *Psicologia: Teoria e Pesquisa, 22*(2), 201-210.

Gyawali, B. (2015). Effective approaches to improve the psychosocial work environment. *International Journal of Medical Science and Public Health, 4*(1).

Hutz, C. S. (2009). Ética na avaliação psicológica. In C. S. Hutz (Org.). *Avanços e polêmicas em avaliação psicológica*. São Paulo: Casa do Psicólogo.

Hutz, C. S. (2015). O que é avaliação psicológica – métodos, técnicas e testes. In C. S. Hutz, D. R. Bandeira, & C. M. Trentini. *Psicometria*. Porto Alegre: Artmed.

Hutz, C. S., Bandeira, D. R., & Trentini, C. M. (2015). *Psicometria*. Porto Alegre: Artmed.

Hutz, C. S., Bandeira, D. R., & Trentini, C. M. (2016). *Psicodiagnóstico*. Porto Alegre: Artmed.

Instituto Nacional do Seguro Social – INSS. (2017). *Auxílio doença previdenciário 2017*. Recuperado de: http://www.previdencia.gov.br/dados-abertrisidadescas/tabelas-cid-10/

Isastur. (2010). *Manual de Segurança*. Recuperado de: https://www.isastur.com/externrisidadedad/data/pt/1/1_10_3.htm

Jacinto, A., & Tolfo, S. (2017). Fatores psicossociais de risco no trabalho e Transtorno Mental Comum: uma revisão sistemática de estudos que utilizaram os instrumentos JCQ, JSS e SRQ-20. *Revista de Psicologia da IMED, 9*(2), 107-124. doi: https://doi.org/10.18256/2175-5027.2017.v9i2.1432

Jacques, M. G. (2007). O nexo causal em saúde/doença mental no trabalho: uma demanda para a Psicologia. *Psicologia & Sociedade, 19*, 112-119, 2007.

Karasek, R. A. (1998). El modelo de Demandas-Control: enfoque social, emocional y fisiologicodel risco de estres y desarrollo de comportamentos activos. In *Organización Internacional del Trabajo (OIT). Enciclopedia de Salud y Seguridade nel Trabajo* (pp. 34.6-34.16). Genebra: OIT.

Kellogg, C. E. (2015). *Teste não verbal de inteligência geral: BETA III: subtestes raciocínio matricial e códigos*. São Paulo: Casa do Psicólogo.

Leme, I. F. A. D. S., Rabelo, I. S., & Alves, G. A. S. (2013). *Atualização dos estudos psicométricos e normas do inventário fatorial de personalidade*. São Paulo: Casa do Psicólogo.

Leme, I. F. A. S., Rossetti, M. O., Pacanaro, S. V., & Rabelo, I. S. (2011). *Teste de memória visual de rosto (MVR): Manual*. São Paulo, SP: Casa do Psicólogo.

Lezak, M.D. (1982). The problem of assessing executive functions. *International Journal of Psychology, 17*, 281-297.

Long, C. J. (1998). Neuropsychological tests: a look a tour past and the impact hat ecological issues may have on our future. In R.J. Sbordoney, & C. J. Long (Eds.). *Ecological validity of neuropsychological testing*. (pp. 1-14). Boca Raton: St. Lucie Press.

Macedo, M. M. K., & Carrasco, L. K. (2005). *(Con)textos de entrevista: olhares diversos sobre a interação humana.* São Paulo: Casa do Psicólogo.

Mendes, A. M, Ferreira, M. C., & Cruz, R. M. (2007). O diálogo psicodinâmica, ergonomia, psicometria. In A. M. Mendes (Ed.). *Psicodinâmica do Trabalho: teoria, método e pesquisas.* (pp. 89-110). São Paulo: Casa do Psicólogo.

Mendes, A. M., Ferreira, M. C., & Cruz, R. M. (2007). Inventário sobre Trabalho e Riscos de Adoecimento - ITRA: Instrumento auxiliar de diagnóstico de indicadores críticos no trabalho. In A. M. Mendes (Ed.). *Psicodinâmica do Trabalho: teoria, método e pesquisas.* (pp. 116-126). São Paulo: Casa do Psicólogo.

Merlo, A. R. C., Bottega, C. G., & Perez, K.V. (Org). (2014). *Atenção à saúde mental do trabalhador: sofrimento e transtornos psíquicos relacionados ao trabalho.* Porto Alegre: Evangraf.

Meyer, G. J., Viglione, D. J., Mihura, J. L., Erard, R. E., & Erdberg, P. (2017). *Rorschach Sistema de avaliação por desempenho – Manual de aplicação, codificação e interpretação e manual técnico.* São Paulo: Hogrefe.

Mind. (2020). *Types of mental health problems.* Recuperado de: https://www.mind.org.uk/information-support/types-of-mental-health-problems/

Moshe, S., Slodownik, D., & Merkel, D. (2003). Value of preemployment medical assessment for white-collar workers. *ArchEnviron Health, 58,* 723-727.

Muñoz Céspedes, J.M., TirapuUstarroz, J. (2001). *Rehabilitación Neuropsicológica.* Madrid: Editorial Síntesis.

Murta, S. G., Leandro-França, C., Santos, K. B., & Polejack, L. (Org.). (2015). *Prevenção e Promoção em Saúde Mental: Fundamentos, Planejamento e Estratégias de Intervenção.* Novo Hamburgo: Sinopsys.

NationalPublic Health Partnership 2005, Be active Australia: A framework for health sector action for physicalactivity, NPHP, Melbourne, Victoria.

Neto, H. V. (2014). Metodologias agregadas de avaliação de riscos psicossociais: o caso do FPSICO e do QARPIS. In H. V. Neto, J. Areosa, P. Arezes (Eds.), *Manual sobre Riscos Psicossociais no Trabalho,* Porto: CiveriPublishing, pp.

Neto, H. V. (2015). Estratégias organizacionais de gestão e intervenção sobre riscos psicossociais do trabalho. *International Journal on Working Conditions,* 9, 1-21.

Nunes, C. H. S. S., Hutz, C.S., & Nunes, M. F. O. (2010). *Bateria Fatorial de Personalidade (BFP).* São Paulo: Casa do Psicólogo.

Oliveira, A. G. B. (2013). Entrevista inicial e exame psíquico. In Marcolan, J. F., Castro, R. C. B. R. de. *Enfermagem em saúde mental e psiquiátrica: desafios e possibilidades do novo contexto do cuidar.* Rio de Janeiro: Elsevier.

Oliveira, A. G. B. (2013). Entrevista inicial e exame psíquico. In Marcolan, J. F., Castro, R. C. B. R. de. *Enfermagem em saúde mental e psiquiátrica: desafios e possibilidades do novo contexto do cuidar.* Rio de Janeiro: Elsevier.

Organização Mundial da Saúde – OMS. (2007). *About WHO*. Genebra: OMS. Recuperado de: http://www.who.int/aboem/en/.

Organização Mundial de Saúde – OMS. (2010). *Ambientes de trabalho saudáveis: um modelo para ação: para empregadores, trabalhadores, formuladores de política e profissionais.* Recuperado de: http://www.who.int/occupational_health/ambientes_de_trabalho.pdf (português)

Pasche, D. F., & Hennington, E. A. (2006). O Sistema Único de Saúde e a promoção da saúde. In A. Castro, & M. Malo. *SUS: ressignificando a promoção da saúde.* São Paulo: Hucitec.

Pasquali, L. (2010). *Instrumentação Psicológica: fundamentos e práticas.* Porto Alegre: Artmed.

Pasquali, L. (2016). *Técnicas de Exame Psicológico: os fundamentos.* São Paulo: Vetor.

Raven, J. (2015). *Matrizes progressivas avançadas de Raven: APM.* São Paulo: Casa do Psicólogo.

Razzouk D., Lima, M. G. A., & Cordeiro, Q. (Org). (2015). *Saúde mental e trabalho.* São Paulo: Conselho Regional de Medicina do Estado de São Paulo.

Rabelo, I. S. (2013). *Teste de memória visual de trânsito (MVT): Manual.* São Paulo, SP: Casa do Psicólogo.

Rabelo, I. S., Cruz, R. M., & Castro, N. R. (2020). *Bateria Rotas de Atenção (Rotas): Manual.* São Paulo, SP: Nila Press.

Rabelo, I. S., Cruz, R. M., & Castro, N. R. (2020). *Teste de Memória de Reconhecimento (MEMORE): Manual.* São Paulo, SP: Nila Press.

Rabelo, I.S., Portugal, A.C.A, Cruz, R.M., Castro, N.R., Landeira-Fernandez, J. & Anunciação, L. (2021). *Matrizes de Inteligência Geral Não Verbal - MIG. Manual Técnico.* São Paulo: Editora Nila Press.

Reavley, N. (2011). *Helping employees successfully return to work following depression, anxietyor a related mental health problem: guidelines for organisations.* University of Melbourne: Centre for Youth Mental Health.

Reis Junior, D. R., & Pilatti, L. A. (2011). Qualidade de vida no trabalho: construção e validação do questionário QWLQ-78. *Revista Brasileira de Qualidade de Vida, 3*, 1-12.

Rueda, F. J. M. (2013). *Escala de Avaliação da Qualidade de Vida no Trabalho (Escala-QVT).* São Paulo: Casa do Psicólogo.

Sampaio, J. R. (1995). *As três faces da psicologia do trabalho.* Belo Horizonte: Psique.

Scorsolini-Comin, F. (2016). *Técnicas de entrevista: método, planejamento e aplicações.* São Paulo: Vetor.

Seabra, A. G. et al. (2014). *Inteligência e funções executivas: avanços e desafios para a avaliação neuropsicológica.* São Paulo: Memnon, 2014.

Secretaria da Saúde do Estado da Bahia. (2014). *Protocolo de atenção à saúde mental e trabalho.* Salvador: DIVAST.

Sedó, M. (2015). *Teste dos Cinco Dígitos (FDT).* São Paulo: Hogrefe CETEPP.

Serra, C., Rodríguez, M. C., Delclos, G. L., Plana, M., López, L. I. G, & Benavides, F. G. (2007). Criteria and methods used for the assessment of fitness for work: a systematic review. *Occup Environ Med., 64* (5), 304 312. http://doi.org/10.1136/oem.2006.029397

Serviço Social da Indústria (SESI). (2004). *Manual de segurança e saúde no trabalho.* São Paulo.

Sisto, F. F. (2006). *Teste de Raciocínio Inferencial (RIn).* São Paulo: Vetor.

Sisto, F. F. (2012). *Teste Conciso de Raciocínio (TCR).* São Paulo: Casa do Psicólogo.

Sisto, F. F., Baptista, M. N., Noronha, A. P. P., & Santos, A. A. A. (2007). *Escala de Vulnerabilidade ao Estresse no Trabalho.* São Paulo: Vetor.

Sisto, F. F., & Castro, N. R. (2011). *Escala de Atenção Seletiva Visual (EASV).* São Paulo: Casa do Psicólogo.

Tosi, S. M. V. D. (2014). *Teste de Inteligência Geral Não-Verbal (TIG-NV).* São Paulo: Casa do Psicólogo.

Vaz, C. E., & Alchieri, J. C. (2016). *Z-teste: coletivo e individual: técnica de Zulliger.* São Paulo: Hogrefe.

Villemor-Amaral, A. E. (2020). *As pirâmides coloridas de Pfister.* São Paulo: Editora Hogrefe.

Víctora, C. G., Knauth, D. R., & Hassen, M. N. A. (2000). *Pesquisa qualitativa em saúde: Uma introdução ao tema.* Porto Alegre: Tomo Editorial.

Waldherr, K. (2014). *WMT-2: Teste de Matrizes de Viena: teste de inteligência não verbal.* São Paulo: Centro Editor de Testes e Pesquisas em Psicologia.

Wechsler, D. (2014). *Escala de Inteligência Wechsler para Adultos (WAIS-III).* São Paulo: Casa do Psicólogo.

Weschsler, D. (2014). *Escala Wechsler abreviada de inteligência – WASI.* São Paulo: Casa do Psicólogo.

World Health Organization – WHO. (2010). *Health Impact of Psychosocial Hazards at Work: An Overview.* Recuperado de: https://apps.whoris/iris/bitstream/

handle/10665/44428/9789241500272_eng.pdf;jsessionid=65834D76D28E-77D6DFF608063AAC2FE3?sequence=1

Yates, D. B., Trentini, C. M., Tosi, S. D., Corrêa, S. K., Poggere, L. C., & Valli, F. (2006). Apresentação da Escala de Inteligência Wechsler abreviada: (WASI). *Avaliação Psicológica*, *5*(2), 227-233. Recuperado em 01 de setembro de 2018, de http://pepsic.bvsalud.org/scielo.php?script=sci_arttext&pid=S1677-04712006000200012&lng=pt&tlng=pt.

Zanelli, J. C., & Bastos, A. V. B. (2004). Inserção profissional do psicólogo em organizações e no trabalho. In J. C. Zanelli, J. E. Borges-Andrade, & A. V. B. Bastos. *Psicologia, organizações e trabalho no Brasil*. Porto Alegre: Artmed.

Zuardi, A. W., & Loureiro, S. R. (1996). Semiologia psiquiátrica. *Medicina (Ribeirao Preto Online)*, *29*(1), 44-53.

Websites para consulta e pesquisa:

Organização Pan-Americana da Saúde – OPAS Brasil:
https://www.paho.org/bra/

Secretaria Especial de Previdência e Trabalho – Brasil:
http://trabalho.gov.br/seguranca-e-saude-no-trabalho/normatizacao/normas-regulamentadoras

Agência Europeia para a Segurança e Saúde no Trabalho:
https://osha.europa.eu/pt/themes/psychosocial-risks-and-stress

Cometra – Consultoria em Medicina do Trabalho:
http://cometra.com.br/servicos/avaliacao-psicossocial/

Secretaria de Saúde – Governo do Tocantins:
https://saude.to.gov.br/vigilancia-em-saude/ambiental-e-saude-do trabalhador/saude-do-trabalhador/

Organização Internacional do Trabalho – OIT Brasília:
https://www.ilo.org/brasilia/lang--pt/index.htm

International Labour Organization
https://www.ilo.org
http://ilocis.org/documents/chpt34e.htm

Os autores

Organizadoras

Roberta Fernandes Lopes do Nascimento

Diretora Executiva, Psicóloga (PUCRS), Mestre em Psicologia (PUCRS) / (Intervenção e Avaliação Psicológica no Ciclo Vital / PUCRS - Colocação: 1º lugar), Especialista em Psicologia Jurídica, Especialista em Avaliação Psicológica e Psicodiagnóstico, Especialista em Psicologia do Trânsito, Especialista em Psicologia e Orientação Profissional. Credenciada a Polícia Federal para Avaliação Psicológica para manuseio de arma de fogo. Supervisora e Professora dos cursos de extensão e pós-graduação da Núcleo Médico Psicológico nas Disciplinas de RH e Avaliação Psicológica. Experiência em avaliação psicológica para concursos; orientação profissional, desenvolvimento de carreira, dinâmica de grupo, coaching, acompanhamento funcional, avaliação de desempenho, pesquisa de clima, treinamento e desenvolvimento de pessoas. Ganhadora do Prêmio Top Off Business 2009. Coautora do capítulo, "Funções Executivas: A Regência de uma Orquestra" no livro *Ciclo Vital – Perspectivas contemporâneas em avaliação e intervenção* (Edipucrs, 2015). Coautora dos livros: *Seleção RH, Exercícios de Memória, Inteligência Emocional, Psicologia Positiva, Mediação de Conflitos, Terapia de Bolso, Terapia Infantil, Não me Toque, Eu na escola, Seleção por competências, Caixinha da felicidade, Meus pais se separaram: e agora?, Pensar emagrece, Tipo Assim, Antiansiedade, TDAH, Saúde Mental, Vamos falar sobre mentira, Vamos falar sobre bipolaridade, Autoaceitação, Ansiedade Infantil, Você e suas emoções, Comportamento Compulsivo, Como Lidar com Transtorno Obsessivo-Compulsivo (TOC)*. Obras Artesã Editora: *Reabilitação Neuropsicológica - Avaliação e intervenção de crianças e adolescentes* – 2ª edição Revisada e Ampliada (2024), *Reabilitação Neuropsicológica - Avaliação e intervenção de adultos e idosos* – 2ª edição Revisada e Ampliada (2024), *Baralho Orientação Profissional – Técnicas e ferramentas* (2022), *Baralho Autismo - Avaliação e intervenção* (2021), *Baralho Família Terapêutica* (2020).

Regina Maria Fernandes Lopes

Psicóloga (PUCRS), Neuropsicóloga, Pós-doutorado em Psicologia Clínica (PUCRS), Doutorado em Psicologia Clínica (PUCRS), Mestrado em Psicologia Clínica (PUCRS), Especialista em Psicologia Clínica – Ênfase em Avaliação Psicológica (UFRGS), Especialista em Reabilitação Neuropsicológica (HC-FMUSP), Especialista em Neuropsicologia, Especialista em Terapia Cognitivo Comportamental. Coordenadora, Supervisora dos cursos de pós-graduação e extensão em Avaliação Psicológica/Neuropsicológica e em Reabilitação da Núcleo Médico Psicológico. Coautora dos livros: *Seleção RH, Exercícios de Memória, Inteligência Emocional, Psicologia Positiva, Mediação de Conflitos, Terapia de Bolso, Terapia Infantil, Não me Toque, Eu na escola, Seleção por competências, Caixinha da felicidade, Meus pais se separaram: e agora?, Pensar emagrece, Tipo Assim, Antiansiedade, TDAH, Saúde Mental, Vamos falar sobre mentira, Vamos falar sobre bipolaridade, Autoaceitação, Ansiedade Infantil, Você e suas emoções, Comportamento Compulsivo, Reabilitação Neuropsicológica avaliação e intervenção crianças e adolescentes, Reabilitação Neuropsicológica avaliação e intervenção adultos e idosos, Como Lidar com Transtorno Obsessivo-Compulsivo (TOC).* E dos capítulos intitulados "Avaliação Neuropsicológica Infantil: Aspectos históricos, teóricos e técnicos", no livro *Avaliação Neuropsicológica Infantil* (Sinopsys, 2017), "Treinamento cognitivo em idosos", no livro *Envelhecimento e saúde mental* (Edipucrs, 2016), "Funções Executivas: A Regência de uma Orquestra", no livro *Ciclo Vital – Perspectivas contemporâneas em avaliação e intervenção* (Edipucrs, 2015), "Reabilitação neuropsicológica para adultos com quadros neurológicos", no livro *Avaliação e intervenção no ciclo vital: da promoção de saúde à prática clínica* (Hogrefe, 2019). Obras Artesã Editora: *Reabilitação Neuropsicológica - Avaliação e intervenção de crianças e adolescentes* – 2ª edição Revisada e Ampliada (2024), *Reabilitação Neuropsicológica – Avaliação e intervenção de adultos e idosos* – 2ª edição Revisada e Ampliada (2024), *Baralho Orientação Profissional – Técnicas e ferramentas* (2022), *Baralho Autismo – Avaliação e intervenção* (2021), *Baralho Família Terapêutica* (2020).

Autores colaboradores

Carolina Martins Carminatti

Psicóloga (FADERGS), Especialização em Gestão de Recursos Humanos (FADERGS/RS). Contato: carol.carminatti@hotmail.com

Fernanda Fernandes Lopes

Psicóloga (PUCRS), Especialista em Psicologia Clínica – Ênfase em Avaliação Psicológica, Bacharel em Direito (PUCRS), Coautora dos livros: Antiansiedade e Saúde Mental. Supervisora de Relacionamento Núcleo Médico Psicológico (Porto Alegre/RS). Contato: HYPERLINK "mailto:fernanda@nucleomedicopsicologico.com.br"fernanda@nucleomedicopsicologico.com.br

Paula Pinto Endres

Psicóloga (UFRGS), Especialista em Psicologia Clínica – Ênfase em Avaliação Psicológica (FAMAQUI/Nucleo Medico Psicológico – Porto Alegre/RS) Pós-graduanda em Psicologia do Sono (USP - Sao Paulo). Contato: psicologapaulaendres@gmail.com

Paulo Roberto de Oliveira Lopes

Psicólogo (ULBRA), Especialização em Psicologia Clínica – Ênfase em Avaliação Psicológica (FAMAQUI/Núcleo Médico Psicológico – Porto Alegre/RS). Especialização em Neuropsicologia. Coautor dos livros: *Psicologia Positiva, Inteligência Emocional, Exercícios de Memória* e *Pensar Emagrece*. Contato: paulo@nucleomedicopsicologico.com.br

Raquel Pires de Vargas Braga

Psicóloga, Especialista em Psicologia Clínica – Ênfase em Avaliação Psicológica (FAMAQUI/Núcleo Médico Psicológico – Porto Alegre/RS). Contato: raquelpiresdevargas@gmail.com

Tatiane Arruda

Psicóloga (UCS – Caxias do Sul/RS), Especialista Psicologia Clínica – Ênfase em Avaliação Psicológica (FAMAQUI/Núcleo Médico Psicológico – Porto Alegre/RS) e Especialização em Avaliação e Reabilitação Neuropsicológica pela FAMAQUI/Núcleo Médico Psicológico – Porto Alegre/RS). Psicóloga Colaboradora do Conselho Regional de Psicologia (CRP) nos Núcleos de Psicoterapia e Avaliação Psicológica, e Grupo de Trabalho Avaliação de Risco Psicossocial. Contato: tatiane@estimapsicologiaintegrada.com.br

Construindo ideias
e conectando mentes

Este livro foi composto com tipografia Bembo Std
e impresso em papel Pólen Natural 80g.